SHANTALA

editora
Ground

livros para uma nova consciência

Dados Internacionais de Catalogação na Publicação (CIP)
(Câmara Brasileira do Livro, SP, Brasil)

Leboyer, Frédérick
    Shantala : massagem para bebês : uma arte
tradicional / Frédérick Leboyer ; tradução de
Luiz Roberto Benati e Maria Sílvia Cintra
Martins. -- 5. ed. -- São Paulo : Ground, 1995

    ISBN 85-7187-029-2

    1. Bebês 2. Fisioterapia 3. Massagem 4. Massa-
gem para crianças I. Título.

93-1292   CDD-615.82
                                                       NLM-WB 460

Índices para catálogo sistemático:
1. Fisioterapia em pediatria   615.82

SHANTALA

Editora Ground

© Edition du Seuil, 1976

7ª edição 1998

Título original: Shantala, un art traditionnel - le massage des enfants

EQUIPE DE REALIZAÇÃO

Supervisão gráfica: Nadia Basso
Tradução: Luís Roberto Benati
           Maria Silvia Cintra Martins
Produção gráfica: Hélio Daziano
Revisão: Equipe Ground
Arte-final: Silene Miranda

Direitos reservados:
Editora Ground Ltda.
Rua Lacedemônia, 68 - Vl. Alexandria
Cep 04634-020 - São Paulo - SP
Tel.: (0xx11) 5031.1500 - Fax: 5031.3462
E-mail: editora@ground.com.br
Site: www.ground.com.br

Frédérick Leboyer

SHANTALA

massagem para bebês:
uma arte tradicional

Tradução de
Luiz Roberto Benati
e
Maria Sílvia Cintra Martins

*Dedico este livro
à minha mãe.
A todas as mães.
A Shantala.
E, por seu intermédio,
à Índia,
minha segunda mãe,
de quem tanto aprendi.*

Quem não se interrogou, um dia, sobre a vida?
Quem não procurou, alguma vez, saber o que é ela?
Perguntas bastantes pretensiosas.
Todavia, para quem mais modestamente pergunta:
"Onde começa a vida? E quando?"
há uma resposta imediata, simples e evidente:
"A vida começa com o nascimento".
E toda inquietação desaparece.
Certeza?
A vida começa com o nascimento...
É mcsmo?
No ventre...
No ventre de sua mãe, a criança já não está viva? Ela não se mexe?

Sem dúvida, ela se mexe. No entanto, segundo algumas pessoas, ali só existe atividade reflexa.

Atividade reflexa! Não!

Hoje nós sabemos que, bem antes de "vir à luz", a criança percebe a claridade. E escuta. E que, do seu cantinho escuro, ela espreita o mundo.

Sabemos também que ela passa da vigília ao sono. E até mesmo que sonha!

Por isso, achar que a vida começa com o nascimento é um grande erro.

Mas, então, o que é que começa quando a criança vem ao mundo? O que é isso senão a vida?

O que começa
é o medo.
O medo e a criança
nascem juntos.
E nunca se deixarão.
O medo,
companheiro secreto,
discreto como a sombra
e, como ela, fiel, obstinado.
O medo
que não nos abandonará,
a não ser no túmulo,
para onde, com fidelidade,
nos conduzirá.

Já contei a epopéia do nascimento*.

E o nascimento do medo.

Mostrei o jovem cavaleiro andante, atacado, a partir do momento em que se arrisca a sair do refúgio, por mil monstros, sensações do mundo exterior.

Elas o esperam e o assustam com seu extraordinário rumor.

Mostrei o jovem herói quase a sucumbir, atordoado, não pelo sofrimento, mas com a surpresa e o terror.

E tentei mostrar como, com um pouco de inteligência e tato, poderíamos mudar muita coisa.

"E depois?", perguntaram-me.

O que lhe ocorreu nos primeiros dias, nas primeiras semanas?

É verdade: as provações não terminaram. A criança vai encontrar novos monstros.

Nosso Argonauta terá de travar diferentes combates.

Para bem compreender do que se trata, voltemos, uma vez mais, para trás.

*Nascer sorrindo. Editora Brasiliense, SP, 1979.

No ventre da mãe, a vida era uma riqueza infinita.
Sem falar nos sons e nos ruídos, para a criança todas as coisas
estavam em constante movimento.
Se a mãe se erguer e andar,
se ela se virar ou inclinar-se
ou erguer-se na ponta dos pés.
se ela debulhar legumes ou usar a vassoura,
quantas ondas,
quantas sensações para a criança.
E se a mãe for descansar,
pegar um livro e sentar-se,
ou se deitar e adormecer,
sua respiração será sempre a mesma
e o marulho calmo —
a ressaca —
continua a embalar o bebê.

Depois,
passada a tempestade do nascimento,
eis a criança sozinha no berço,
ou melhor dizendo, numa dessas caminhas que são como gaiolas
de recém-nascidos.
Nada mais se mexe!
Deserto.

E o silêncio.
Repentinamente, o mundo ao redor congelou-se,
coagulou-se,
numa imobilidade completa e terrível.
E,
enquanto lá fora faz-se completo vazio,
eis que
aqui dentro
alguma porção no ventre
agarra
torce
morde...
''Mamãe! Mamãe!''
Ah, que pavor!

No ventre?
Não
ali na escuridão!
Sim, no escuro
há um animal.
Sim, sim, um tigre, um leão...
''Eu o escuto! Eu o percebo!
Mamãe! Mamãe!''

Um animal? Na escuridão?
Prestes a saltar sobre a criaça para devorá-la?

Um lobo, talvez?
Um lobo transformado em avó
e que espreita Chapeuzinho Vermelho
preparando-se para devorá-lo?

Um lobo?
Onde?
Na cama? Embaixo da cama?
Atrás do biombo?

Não!
Está bem ali no ventre.
E se chama
fome.

A fome é um monstro?
A fome é sensação agradável. Não é verdade? Porque, de fato, com
muita satisfação, a vemos repetir-se várias vezes por dia.
Para nós,
uma agradável satisfação.
Porque nós sabemos muito bem que iremos comer.

16

E para a criança?
O pobre bebê pode movimentar-se?
Deslocar-se até a despensa?
Como se estivesse no restaurante, pode ele gritar:
"Garçom! Garçom!"?
Ele não se cansa de chamar. E, realmente, com toda a força.
Ele berra
para mostrar que lá dentro…

E… não acontece nada!
É preciso esperar.
E sofrer.
E se inquietar… com o desassossego.
Até que, finalmente, do deserto exterior em que o mundo se fez
vem alguma coisa
que por fim aquieta
o monstro desperto
lá dentro.

Fora, dentro…
Eis o mundo dividido em dois.
Dentro, a fome.
Fora, o leite.
Nasceu
o espaço.

Dentro, a fome
fora, o leite.
E, entre os dois,
a ausência,
a espera,
sofrimento indizível.
E que se chama
tempo.

E é assim
que, tão-somente
do apetite,
nasceram
o espaço
e a existência*.

(*) No original, lê-se *la durée*, conceito difundido por Henri Bergson e que, segundo o nosso *Aurélio*, aplica-se à ''sucessão das mudanças qualitativas dos nossos estados de consciência, que se fundem sem contornos precisos e sem possibilidades de medição''. (N. do T.)

Se os bebês berram sempre que acordam não é porque a fome os atormente.

Eles não morrem de inanição.

Eles são aterrorizados pela novidade da sensação. Por essa ''coisa qualquer interior'' que assume imensas proporções, justamente porque o mundo exterior está morto.

É preciso alimentar os bebês.

Sem dúvida alguma.

Alimentar a sua pele tanto quanto o ventre.

E, além disso, nesse oceano de novidades, de desconhecido, é preciso devolver-lhe as sensações do passado. Só elas nesse momento podem oferecer-lhe um sentimento de paz, de segurança.

A pele e as costas não esqueceram.

Já contei como as primeiras contrações no ventre materno aterrorizaram a criança.

Já disse como, passada a surpresa, o pequeno ser começou a amar, a esperar por essa força que dele se apoderava, o esmagava e, por isso, o deixava assombrado e saciado.

E como, semana após semana, o abraço ficava mais apaixonado, mais poderoso,

Para, finalmente, culminar no delírio, a embriaguez do parto, do trabalho.

Seria grave erro imaginar que o nascimento é necessariamente doloroso para o bebê.

A fatalidade da dor não existe.

Não mais que a fatalidade do parto.

Assim como *dar à luz* pode ser para a mulher liberada do medo uma experiência inebriante, com a qual nada se pode comparar, para o bebê, o nascimento pode ser a mais extraordinária, a mais forte, a mais intensa das aventuras.

Seu grito é um protesto apaixonado por aquilo que um prazer tão intenso vem interromper de modo brusco.

Eu disse como, no nascimento, era preciso segurar a criança, massageá-la.

Ao prolongar, dessa maneira, a poderosa sensação, lenta, ritmada, ao fazê-la alimentar-se de modo pausado, evitamos a ruptura brutal, causa de sofrimento e abstinência.

Parece à criança, então, que a contração a acompanha até à margem para abandoná-la uma única vez, quando ela estiver bem assentada nessa liberdade nova e embriagante.

O que fizemos no nascimento temos de repetir todos os dias,
durante semanas e meses,
visto que, por muito tempo, sempre que acorda,
o bebê espanta-se com o fato de reencontrar o mundo do avesso:
as sensações fortes ''dentro'' do ventre, do estômago,
e ''fora'', coisa alguma!
É necessário restabelecer o equilíbrio.
E alimentar o ''de fora'' com o mesmo cuidado que o ''de dentro''.
Para ajudar os bebês a atravessar o deserto dos primeiros meses de
vida,
a fim de que eles não sintam mais a angústia de estar isolados,
perdidos,
é preciso falar com suas costas,
é preciso falar com sua pele
que têm tanta sede e fome
quanto o seu ventre.

Sim!
Os bebês têm necessidade de leite.
Mas muito mais de ser amados
e receber carinho.

Sentir...

Para o nariz, sentir é perceber o mundo mais adiante do que a mão pode alcançar.

Ouvir é explorar mais longe ainda.

E ver, ah! ver... é acariciar com os olhos o universo milhares de quilômetros ao redor.

Cada sentido fala o mundo para nós. Seu mundo. E a harmonia se faz.

Cada sentido afasta um pouco mais além as fronteiras, tornando mais vasto, mais variado e mais rico o universo.

Apalpar, porém, é por aí que tudo, de modo muito simples, começou.

A língua, que sabe tantas coisas, lembra-se disso:

"É comovente... *

De fato, amigo, estou comovido, muito comovido ** por sua atenção..."

Nos bebês, a pele transcende a tudo.

É ela o primeiro sentido.

É ela que sabe.

Como ela se inflama com facilidade em todas as criancinhas!

Erupções, eritemas, pústulas...

Micróbios? Infecção?

Não, Não.

Mal-apanhadas.

Mal-acabadas. Mal cuidadas.

Mal conduzidas.

Mal-amadas***.

Ah, sim, é preciso dar atenção a esta pele, nutri-la.

Com amor. Mas não com cremes.

Ser levados, embalados, acariciados, pegos, massageados constitui para os bebês, alimentos
tão indispensáveis, senão mais, do que vitaminas, sais minerais e proteínas.
Se for privada disso tudo
e do cheiro, do calor
e da voz
que ela conhece bem,
mesmo cheia de leite, a criança vai-se deixar morrer
de fome.

TÉCNICA

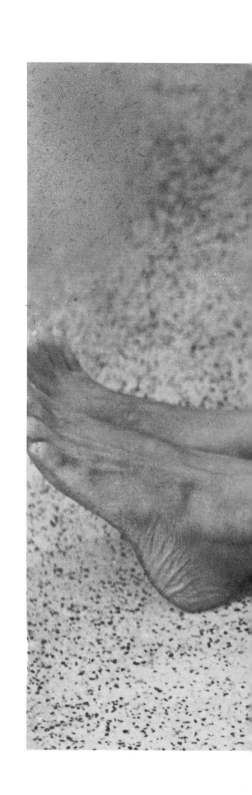

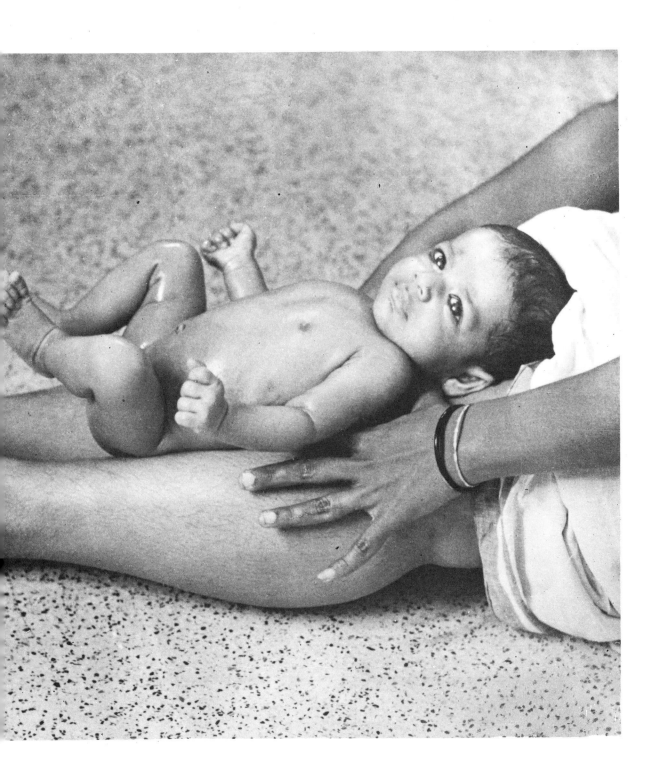

A massagem dos bebês é uma arte
tão antiga quanto profunda.
Simples, mas difícil.
Difícil por ser simples.
Como tudo o que é profundo.

Em toda arte há uma técnica.
Que é preciso aprender
e dominar.
A arte só aparecerá
depois.
De fato, ela está ali o tempo todo.
Visto que, justamente, ela está além
da existência.
Mas no momento
deixemos de nos preocupar.
E vamos à técnica.
Que é de grande precisão.

Estando a criança inteiramente despida, o importante é que a massagem seja feita em local aquecido. O bebê não deverá jamais
sentir frio.

No verão, a massagem será feita de preferência ao ar livre. Depois, a criança ficará despida ao sol.

Faz-se a massagem com óleo previamente aquecido.

É preciso rejeitar qualquer tipo de óleo mineral e usar tão-somente óleos naturais.

Na Índia, no inverno, as mulheres usam óleo de mostarda e, no verão, óleo de coco[*].

A criança deve estar em jejum.

Quer isto dizer que a massagem não será feita depois da mamada no peito ou na mamadeira.

´*) No Brasil podemos usar óleo de amêndoas ou de camomila.(N. do E.)

A massagem será seguida pelo banho.

Que completará a sensação de profundo relaxamento. E livrará a pele do excesso de gordura não absorvida.

A massagem será feita de manhã.
Ela poderá ser repetida à tarde, antes do sono.

A mulher deve estar sentada no chão. Esta questão é fundamental.

Sentada no chão, mas não em contato direto com o solo.

Pernas esticadas, costas eretas, ombros relaxados.

Massagear a criança numa mesa, estando a mulher de pé ou sentada numa cadeira,

é falsear o significado profundo. É pôr de lado a afeição.

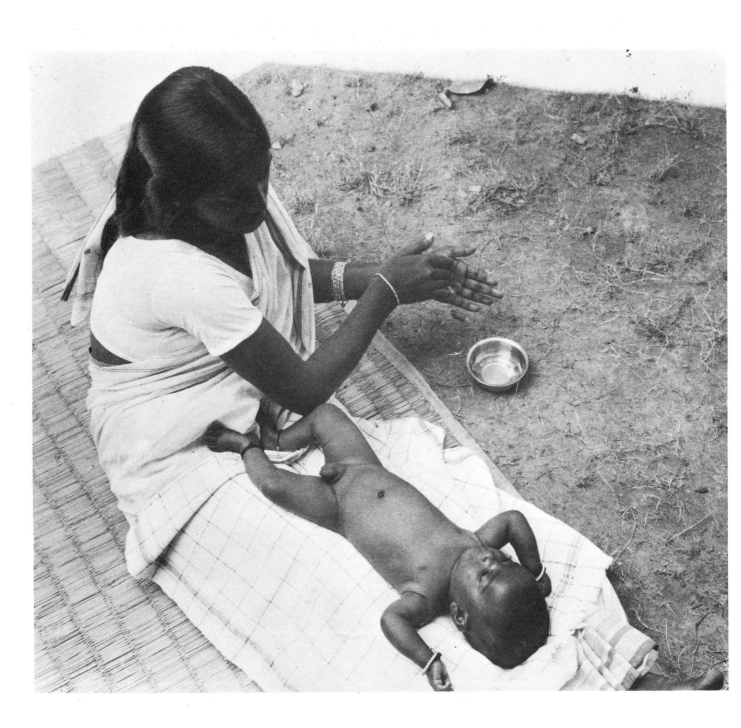

— Você está sentada no chão, mas não em contato direto com o solo.

Bem próximo, o óleo num pequeno recipiente. Morno, não se esqueça.

Sobre suas pernas, você estendeu uma toalha. Embaixo dela é prudente pôr um impermeável. O relaxamento profundo proporcionado pela massagem e o bem-estar que o bebê vai sentir farão com que, muitas vezes, ele esvazie a bexiga!

Vocês se olham.

E esse contato dos olhos é de grande importância.

Durante a massagem é preciso conversar com a criança.

Não somente com palavras.

É preferível permanecer em silêncio.

O silêncio ajuda a concentração.

E, de fato, você vai aprender a se comunicar de outro modo.

Seja atenciosa.

Só pense naquilo que você está fazendo.

Esteja "ali!"

Fale com o bebê com os olhos, com as mãos.

Com o seu ser.

Se for verão, fizer calor
ou se você estiver em sua casa
sentindo-se muito bem,
fique à vontade.

Quanto menos roupas você vestir,
mais livre estará seu corpo
e melhor ele irá trabalhar.

E, agora, não ponha nada
entre a criança e você.

Coloque o pequeno corpo
sobre as suas pernas.

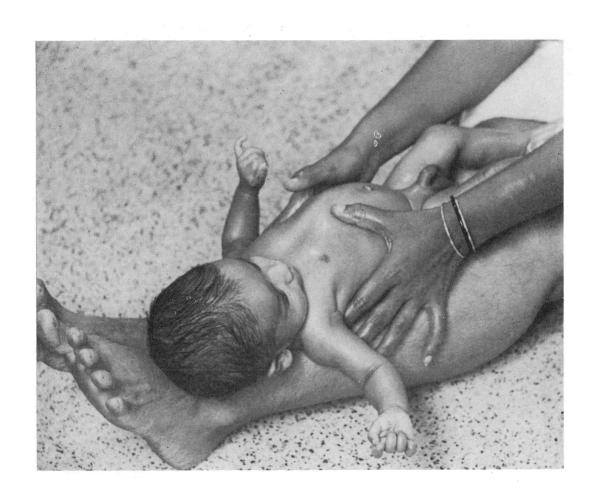

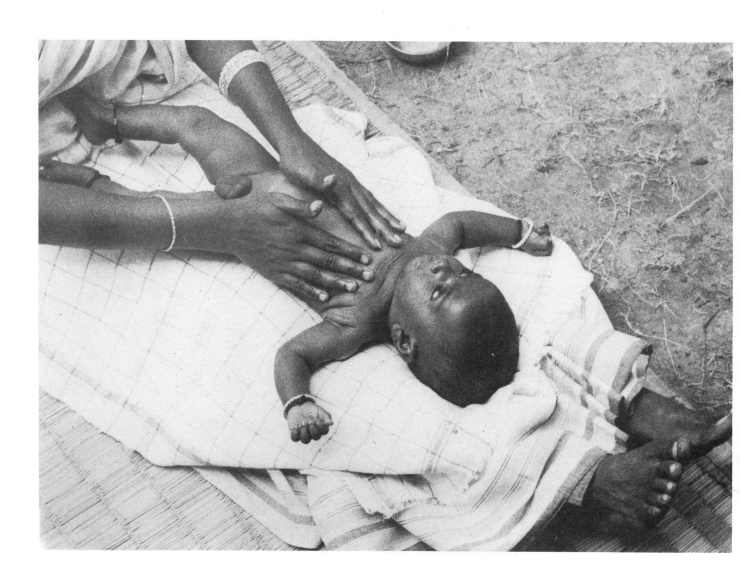

O peito

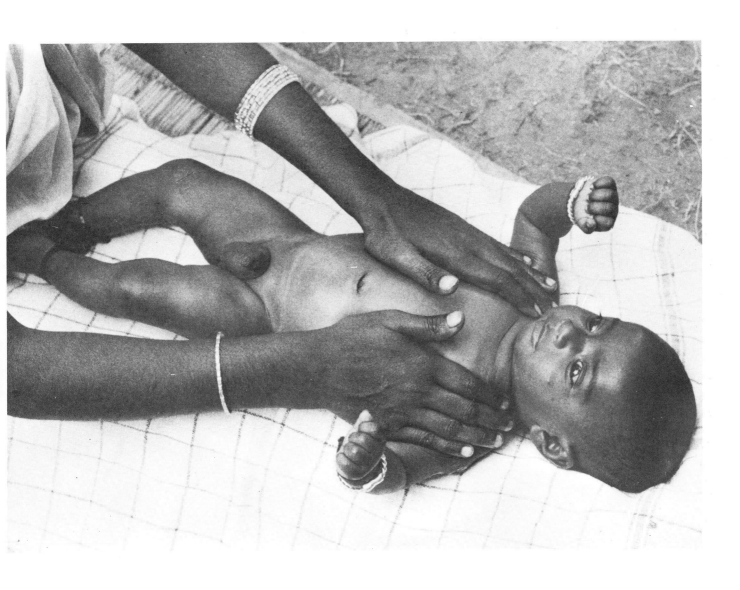

Você banhou as mãos em óleo.

Ao colocar as mãos no peito da criança, você as separou.

Cada uma delas de um lado, mas ladeando as costas.

Retornam ao ponto de partida e, a partir do centro, voltam para os lados.

Isto tudo como se, com um livro aberto à sua frente, você tivesse de deixar as páginas bem achatadas.

Suas mãos trabalham simultaneamente, mas em direções opostas.

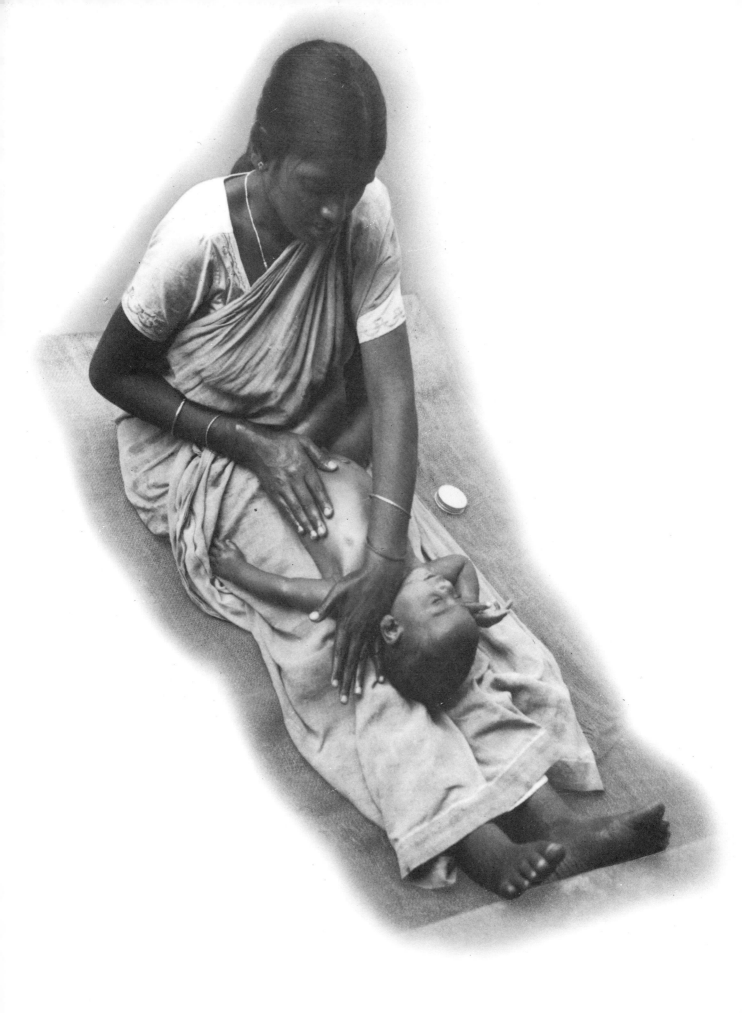

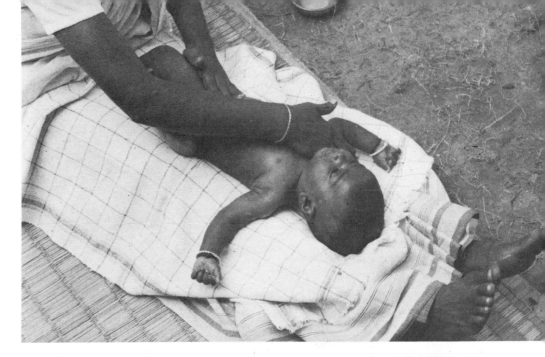

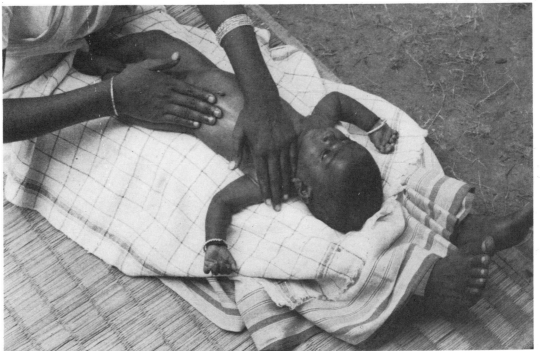

Agora, as suas mãos vão trabalhar uma por vez.

A partir do flanco esquerdo do bebê (que está à sua direita), sua mão direita vai até o ombro oposto. Em assim fazendo, ela percorre o pequeno peito para terminar no ombro direito da criança.

Então, a sua mão esquerda faz o mesmo na direção do ombro esquerdo do. bebê (que está à sua direita),

e as suas mãos continuam a trabalhar desse modo, uma depois da outra, como se fossem ondas.

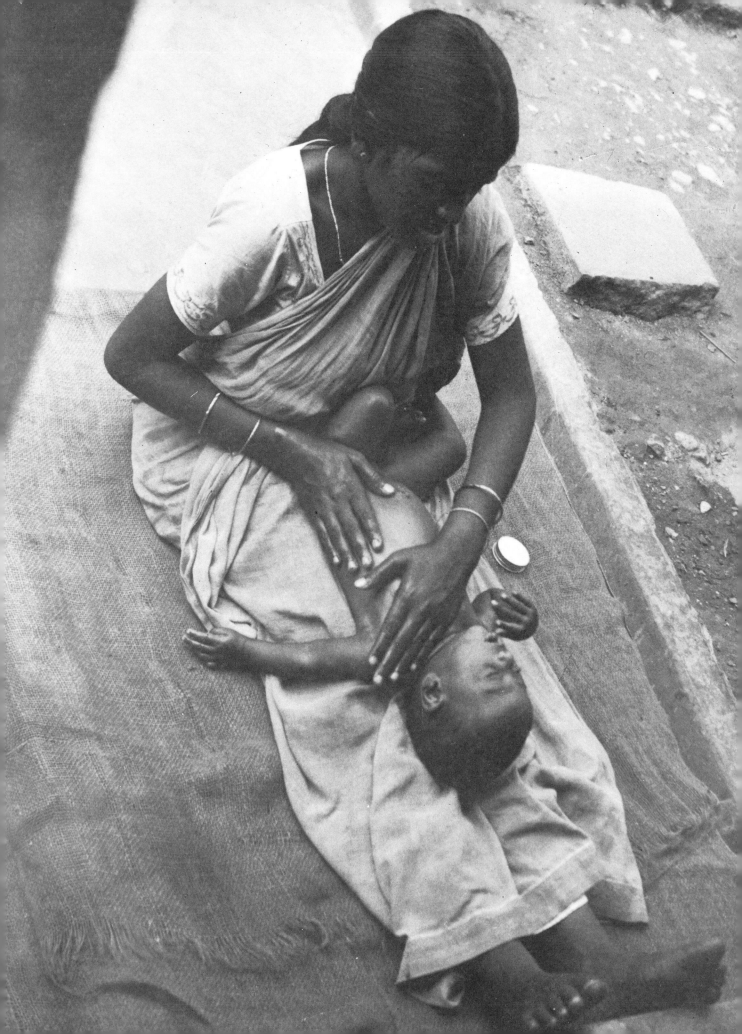

Você começou de modo lento, bem de leve.

Mantendo o ritmo lento (você não deve jamais acelerar, mas conservar o mesmo ritmo, perfeitamente uniforme, do começo ao fim da massagem),

mantendo essa lentidão, a pressão das mãos acentua-se. Isto será feito de modo natural, não intencional.

Preste atenção também no fim do movimento: o lado externo da mão, isto é, o lado que se prolonga no minguinho, desliza pelo pescoço da criança.

Os braços

Agora, vire o bebê de lado.

O lado direito, por exemplo.

Com a mão esquerda você segura delicadamente a mão da criança para esticar o bracinho.

Com a mão direita você empalma o ombro do bebê. Isto quer dizer que indicador e polegar (os outros dedos continuam como estão) vão formar um pequeno bracelete que, aos poucos, você vai fazer com que enlace todo o braço da criança.

Ao chegar ao final do trajeto, a sua mão direita encontra-se com a esquerda (que segurava a mão da criança).

A mão direita sustenta o punho do bebê, a esquerda está livre.

Ela abandona a mãozinha e vai, por sua vez, fechar com um círculo o ombro: os dedos formam um bracelete que pega todo o braço da criança.

E as mãos se revezam ao elevar-se do ombro para a extremidade do bracinho.

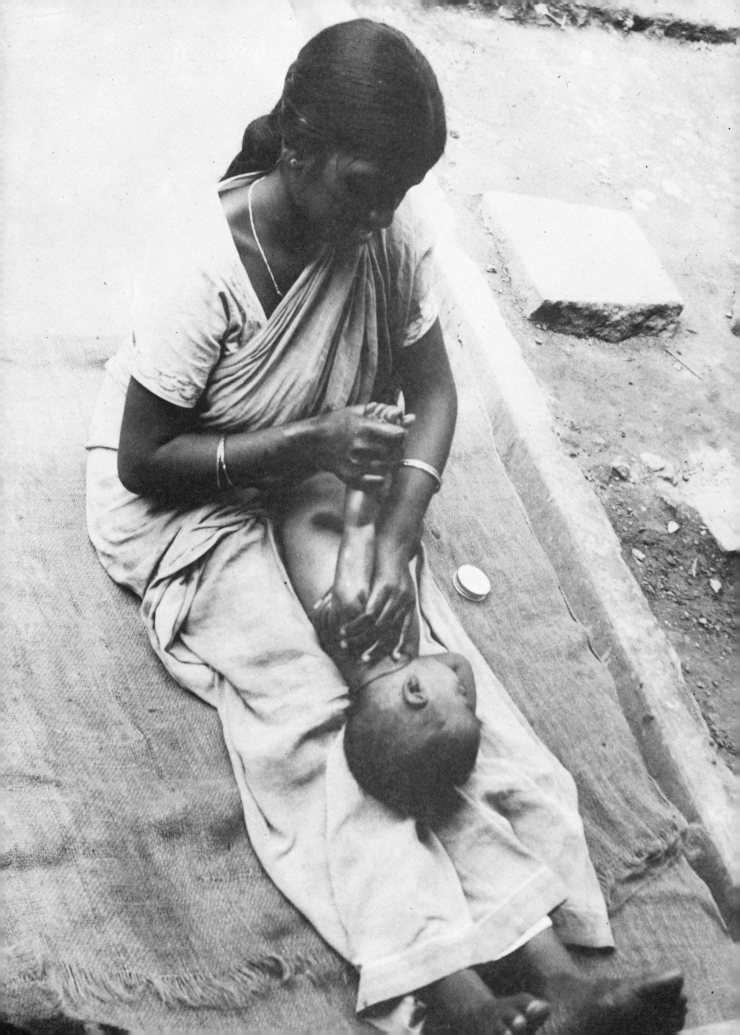

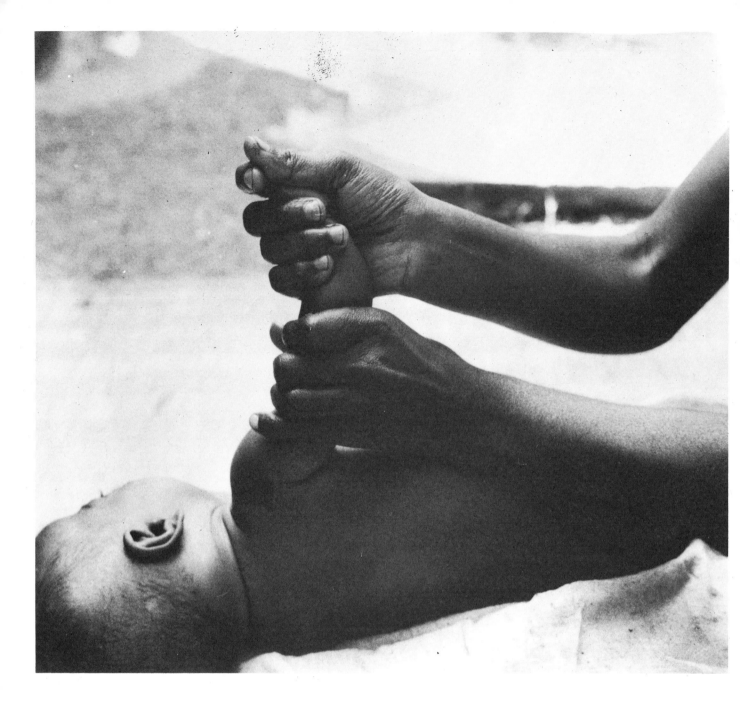

As duas mãos trabalhavam uma depois da outra. Agora, elas vão trabalhar simultaneamente, mas em sentido inverso.

Colocando uma ao lado da outra, elas circundam o ombro para formar, outra vez, pequenos braceletes.

E você fará com que os dois pequenos braceletes se desloquem do ombro para a mão do bebê.

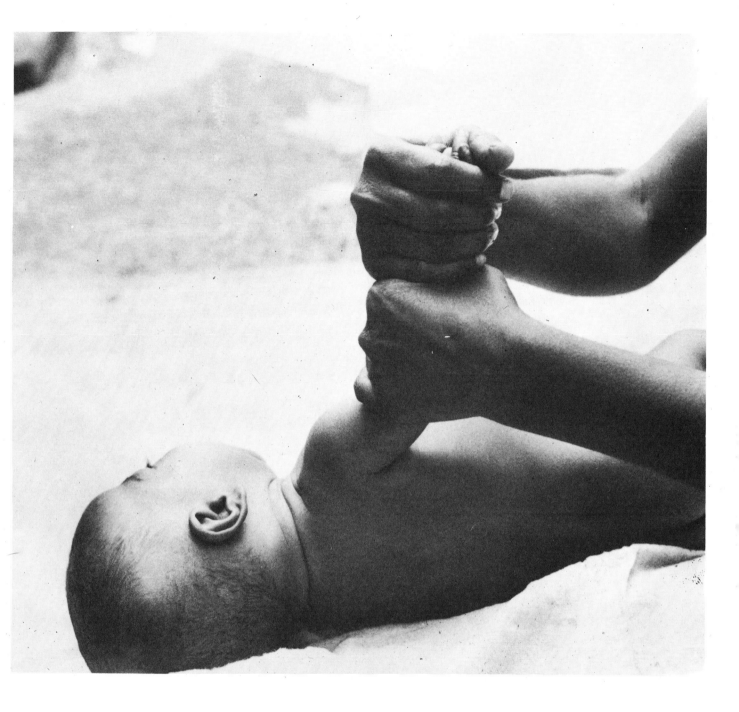

Em assim fazendo, as suas mãos executam um movimento de rosca ao redor do bracinho.

Movimento de rosca que as duas mãos executam em sentido inverso. Como se você torcesse o bracinho.

Ao chegar ao punhozinho, as suas mãos voltam ao ombro e recomeçam.

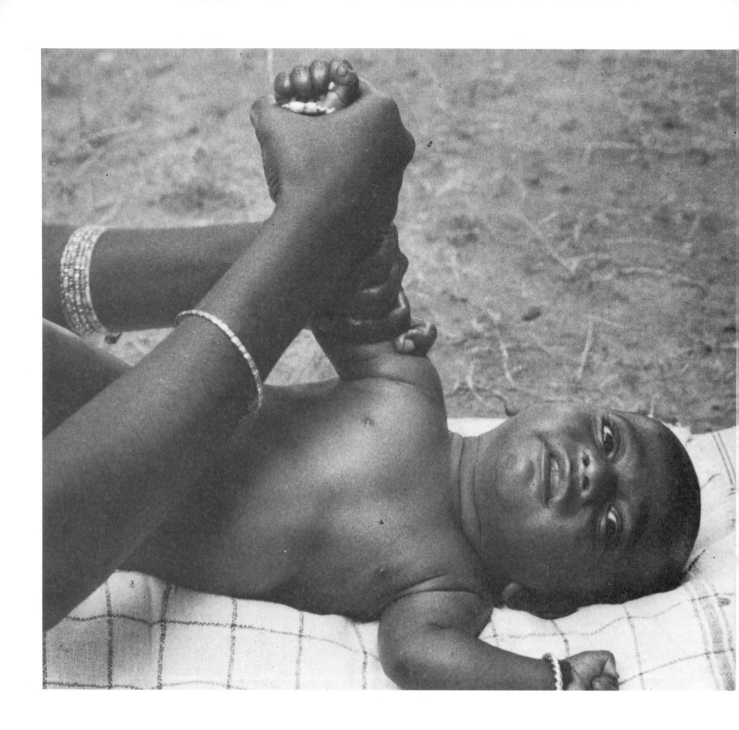

O importante é demorar-se,
persistir
ao nível do punho.

50

A mão

Agora, você vai massagear a mão.

Primeiro, com os seus polegares, os quais massageiam a palma indo da mão para os dedos.

Depois, prenda os dedos e faça-os simplesmente dobrar-se. Como se você quisesse fazer com que o sangue fluísse da palma para as extremidades.

51

O outro braço

É claro que, a seguir, você
vai fazer o mesmo com o outro braço,
depois de ter virado a criança
para o outro lado.

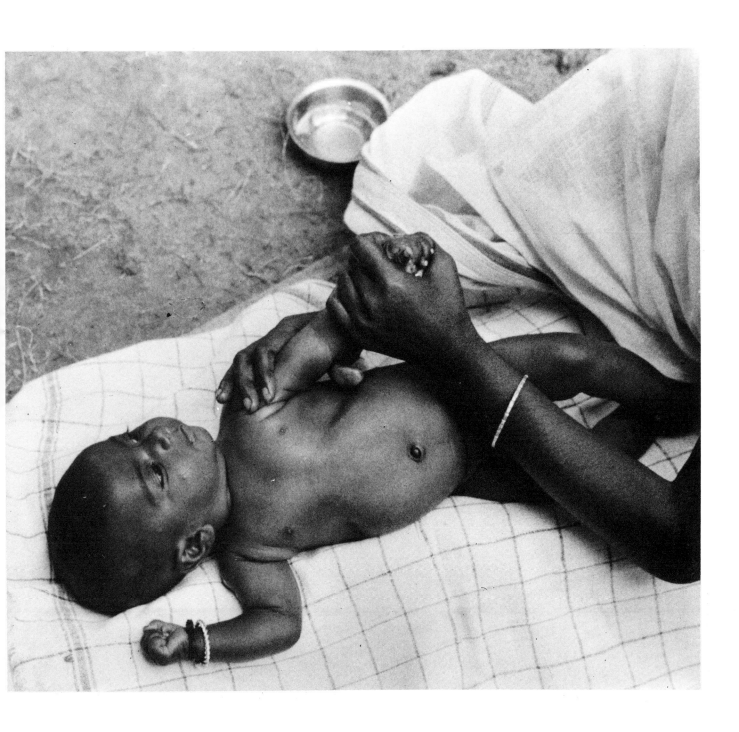

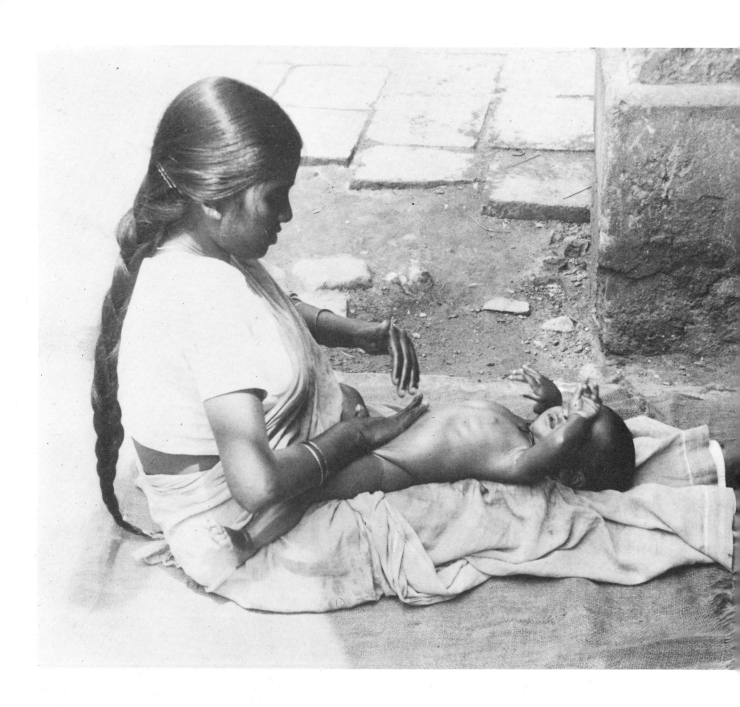

A barriga

Aqui as suas mãos trabalham uma depois da outra.

Partindo da base do peito, onde se iniciam as costelas, as mãos descem até à parte de baixo da barriga.

Em suma, você traz as suas mãos, uma após outra, de volta para você.

Perpendiculares ao corpo do bebê, aqui as mãos trabalham em toda a sua largura.

Uma vez mais elas se sucedem em ondas parecendo esvaziar a barriga do bebê.

Agora, a sua mão esquerda segura os pés do bebê mantendo as pernas verticalmente esticadas.

E é o seu antebraço que, ao prosseguir no mesmo vaivém, sempre de alto a baixo, isto é, de volta para você, continua a massagear a barriga.

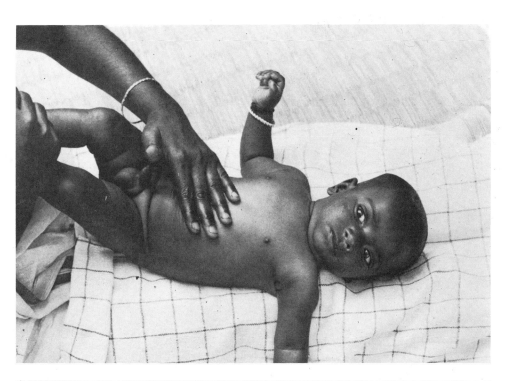

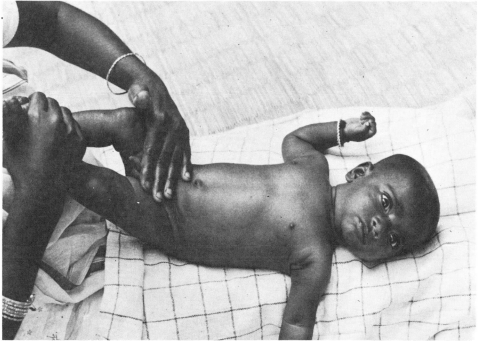

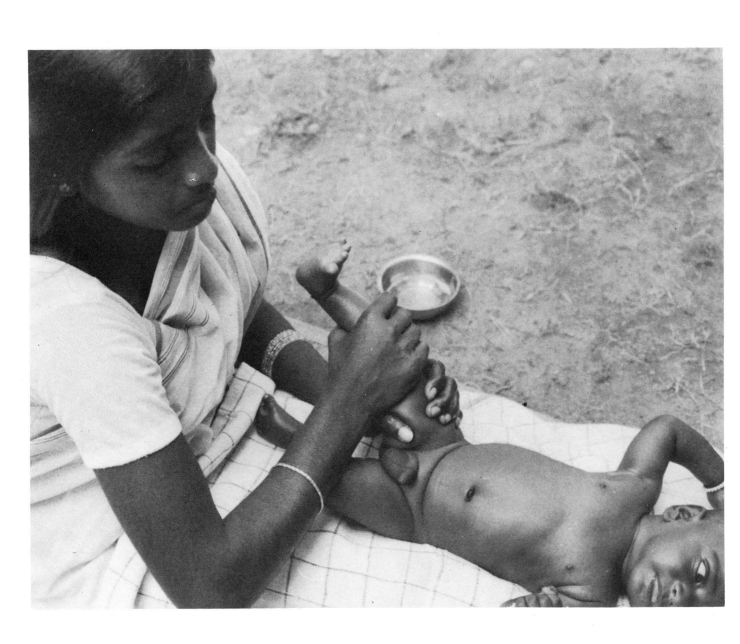

As pernas

Ou, de modo mais exato, os membros inferiores.

Você vai proceder exatamente como fez com os braços.

Isto quer dizer que as suas mãos, ao formar pequenos braceletes, empalmam a coxa e, uma após outra, elevam-se pela perna até o pé do bebê.

Depois, ao trabalhar em sentido inverso, sempre circundando a perna da criança, as mãos vão elevar-se da raiz até o pé ao executar o movimento de rosca ou torção.

Você se demora,
persiste no nível
do tornozelo...
Não se esqueça de que
o calcanhar
é região fundamental.

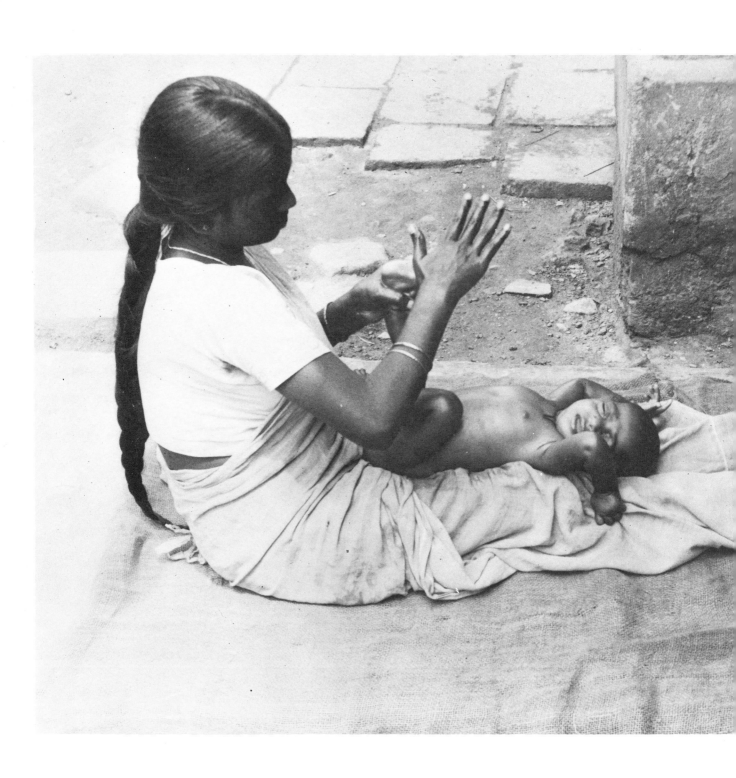

Enfim, você vai massagear
a planta do pé.
Primeiro, com os polegares…

Depois, com a palma
toda da mão.

E, evidentemente,
quando tiver terminado
uma das pernas,
passará para a outra.

Agora, você vai massagear as costas da criança.

E este, se não for "o" momento, será, no entanto, um momento especial.

Aí você vai-se demorar também.

Pegue a criança para virá-la. Coloque-a de bruços.

Altere a posição dela em relação a você.

Até então, ela estava em paralela com as suas pernas.

No momento, você a colocou na transversal.

A cabeça do bebê acha-se à sua esquerda.

Esta massagem das costas se faz em três tempos.

Como você vai ver.

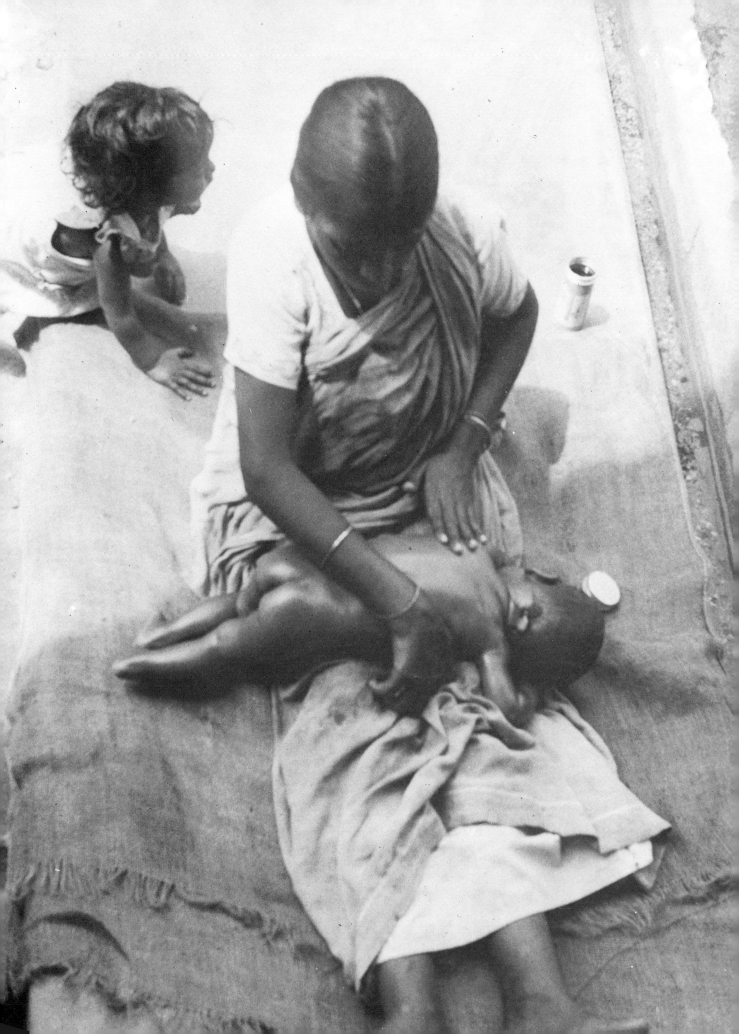

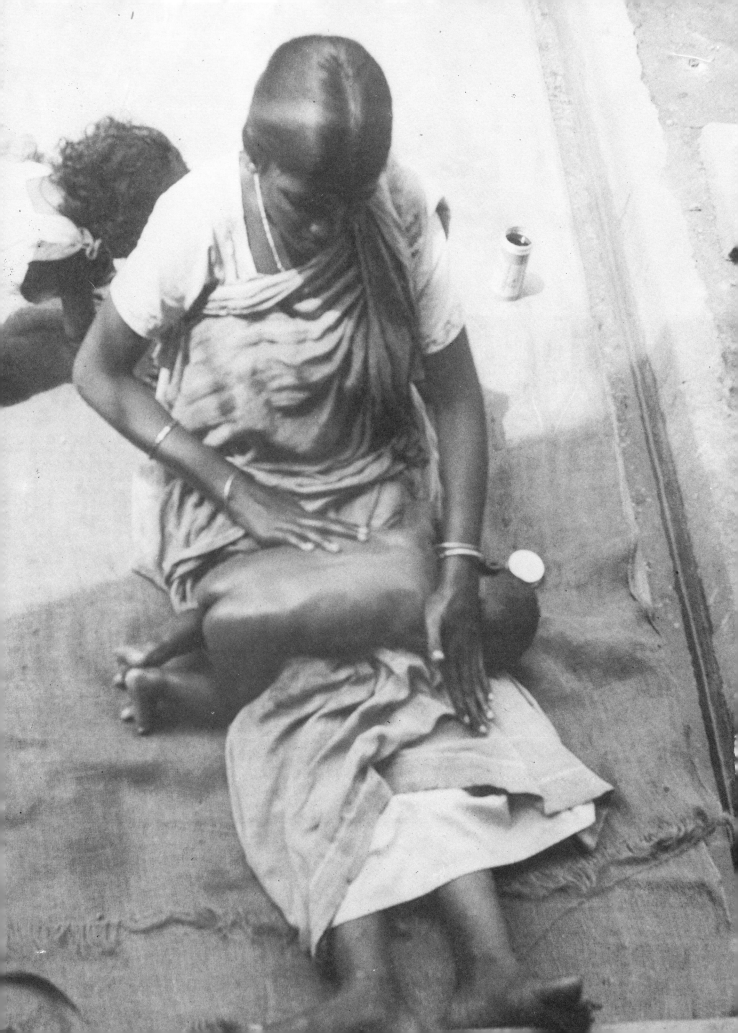

As costas

Primeiro tempo:
as costas, de um lado ao outro

Simplesmente você coloca as mãos nas costas da criança, na altura dos ombros.

E as suas mãos vão em frente uma depois da outra.

Como se ao fazê-lo com igual força, você preparasse uma massa com um rolo de macarrão.

Mas simplesmente não há rolo. Suas mãos trabalham em toda a largura, sobretudo com a palma.

E uma após a outra.

Para frente e depois para trás, assim vão as mãos.

Mas elas trabalham principalmente quando se movem para frente.

E, enquanto executam esse movimento de vaivém, aos poucos elas se deslocam transversalmente.

Você começou na altura dos ombros do bebê, isto é, à sua esquerda. E pouco a pouco, as suas mãos se deslocaram para a direita. De modo que, tendo começado na região das omoplatas, você massageou, sucessivamente, a parte inferior das costas, os rins e as nádegas.

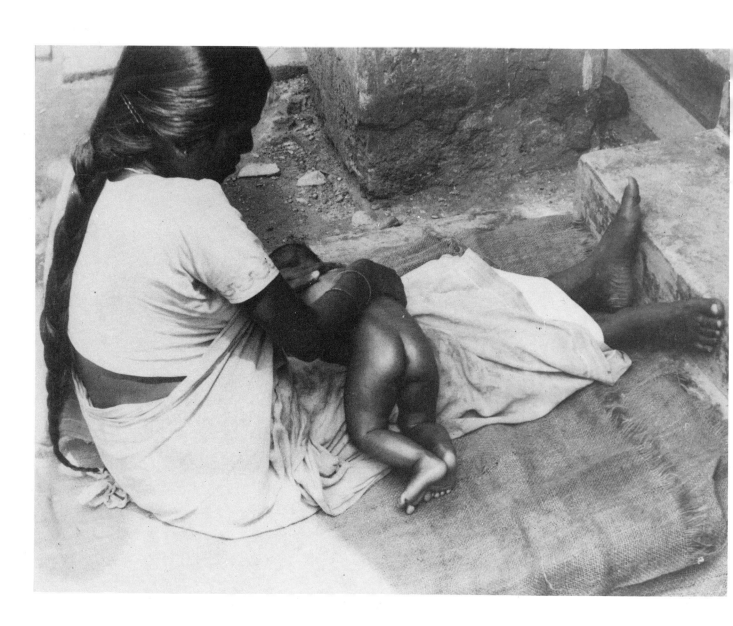

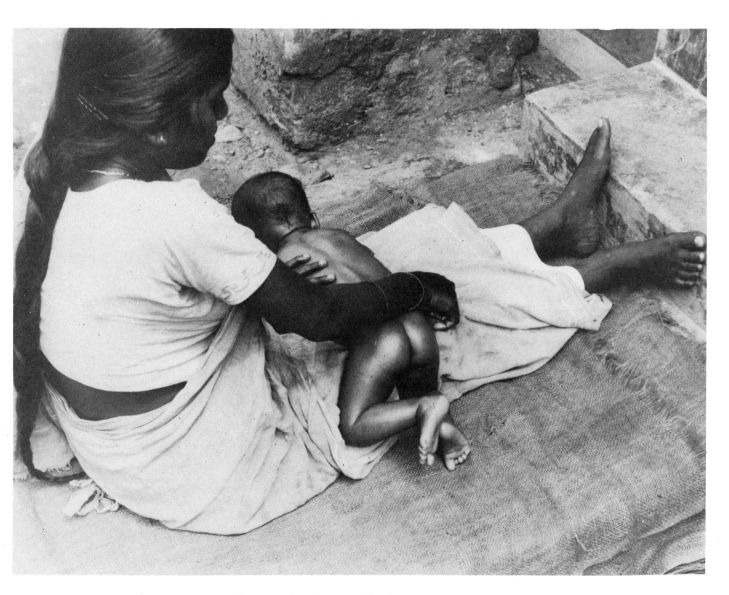

Agora, as mãos estão à sua direita. Chegaram até este ponto sem que você percebesse.

E, da mesma maneira, avançando sempre para frente e para trás, elas elevam-se pelas costas da criança. Tornam a passar pelos rins, pela parte inferior das costas e pelas omoplatas. Alcançam os ombros e recomeçam.

E este vaivém continua para frente e para trás, para a direita e para a esquerda e depois para a esquerda e depois para a direita...

Sempre como as ondas.

Tal qual a maré que sobe e desce. Infinitamente.

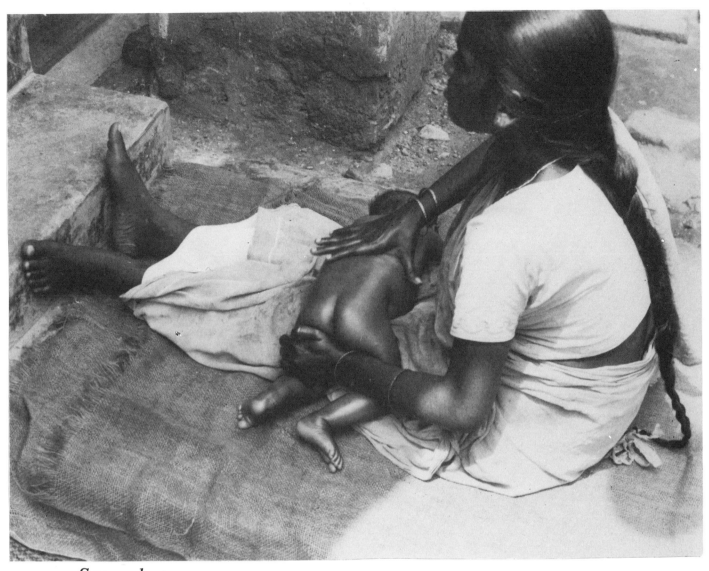

Segundo tempo:
ao longo das costas

Suas mãos trabalharam simultaneamente, ainda que uma após a outra.

Agora, apenas a sua mão esquerda vai
trabalhar.

Bem espalmada, a mão esquerda vai,
simplesmente, percorrer as costas do
bebê descendo da nuca até às nádegas.
Abandonando então o corpo da criança
para elevar-se até o ponto de partida — o
alto das costas. E descer de novo. E elevar-se uma vez mais. Como a onda.

Isto não é carícia. Não se engane com isso. Nesta mão há uma grande força. E você a vê, sente-a na mão Abençoada.

Uma grande força. E uma lentidão extrema.

E é nisso, nessa lentidão, que se mede a sua compreensão, a sua habilidade.

Quanto mais lento e contínuo for o seu movimento tanto mais misteriosamente profundo será o efeito.

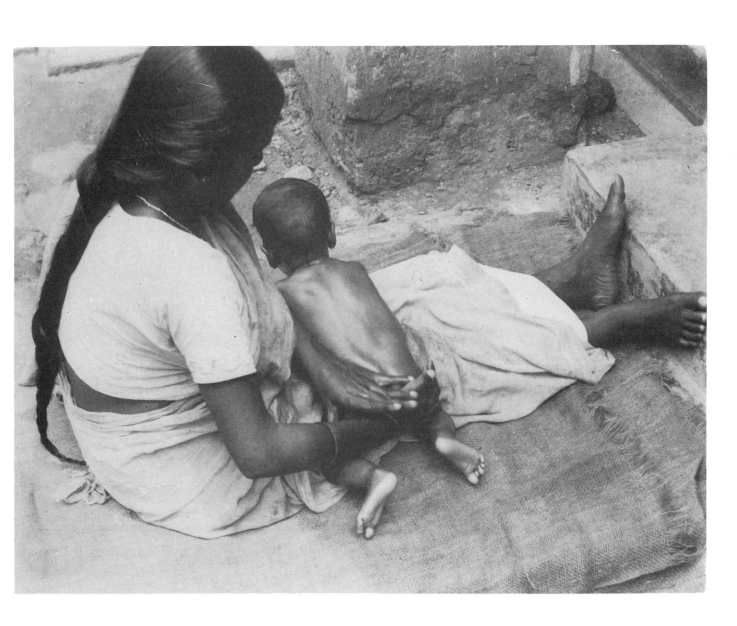

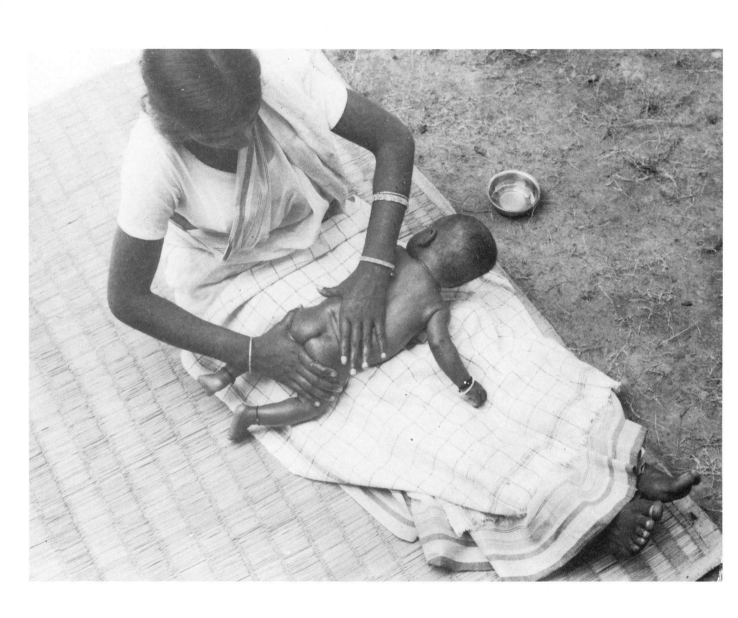

Quanto à sua mão direita, com firmeza ela empalma as nádegas do bebê e se opõe à pressão da mão esquerda.

A mão direita e a mão esquerda trabalham em perfeita harmonia — uma representando o caráter estático da energia e a outra o caráter dinâmico.

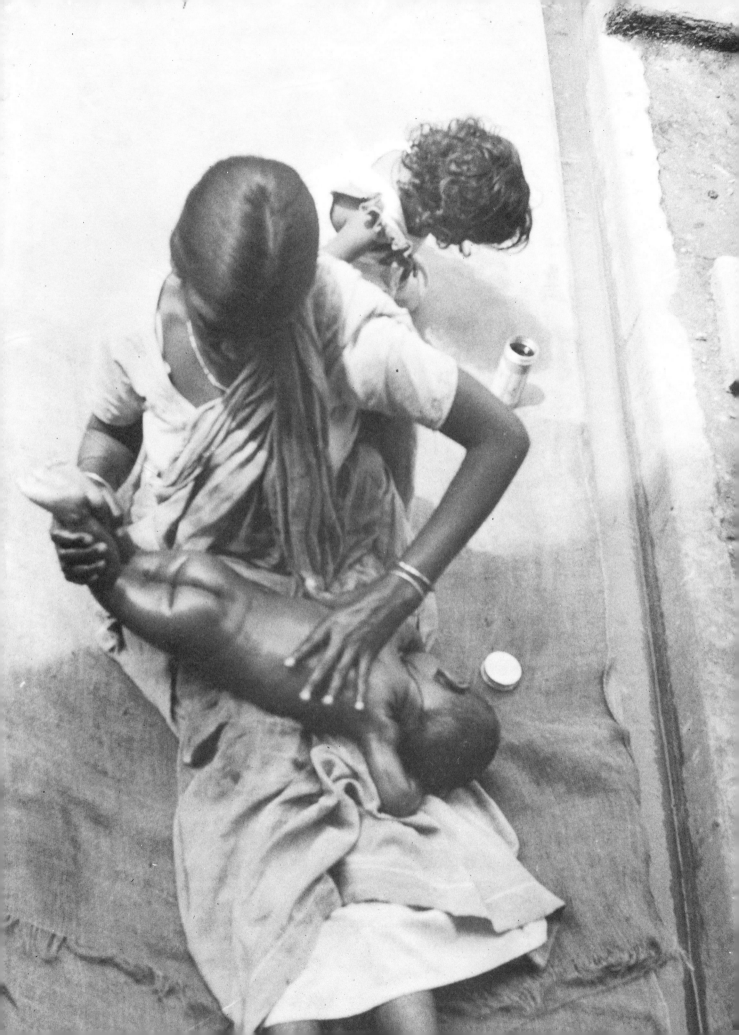

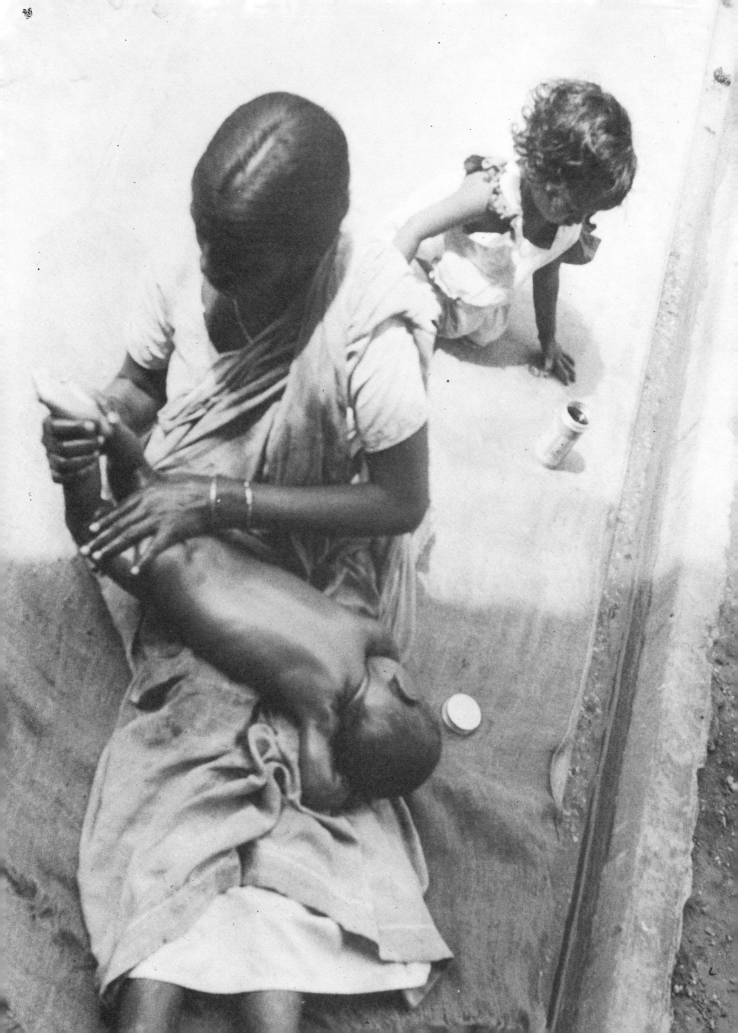

Terceiro tempo:
ao longo das costas e até os
pés

Este tempo é muito parecido com o an-
terior.
    A mão esquerda continua a percorrer
as costas do bebê de alto
a baixo, mas
em vez de parar
na altura das nádegas,
continua seu movimento,
percorre as coxas, as pernas,
descendo até os calcanhares.
Daí, eleva-se
e desce de novo
e torna a elevar-se ...

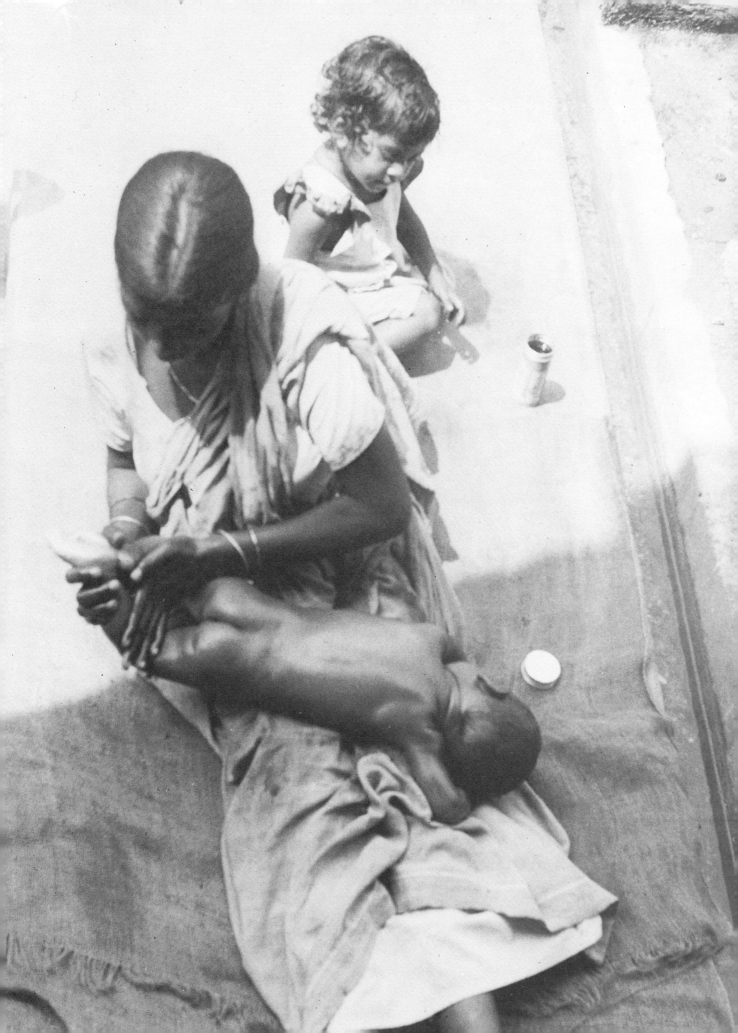

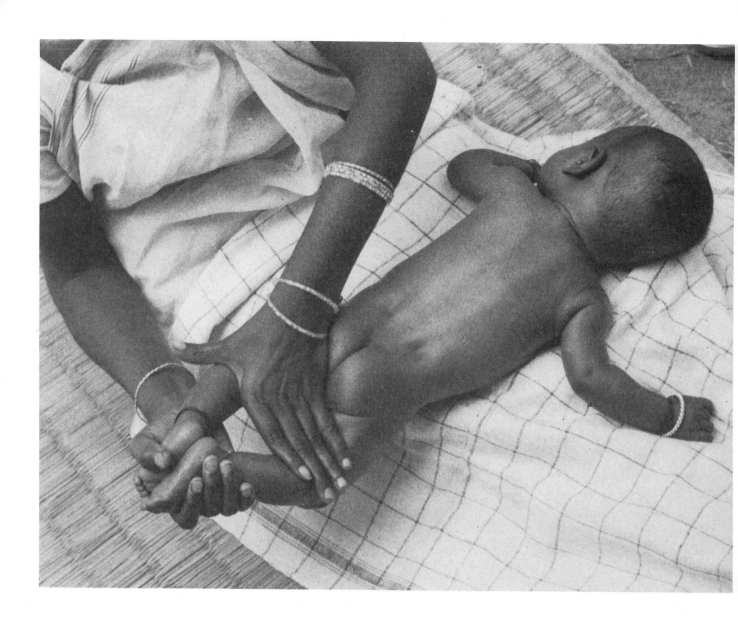

Quanto à sua mão direita, a qual
imobilizava as nádegas do bebê,
   agora, com delicadeza, ela sustenta
os pés da criança e mantém as pernas
esticadas.

A massagem das costas, momento fundamental, terminou.

Aproximamo-nos do fim.

Coloque de novo a criança de costas, numa paralela em relação ao seu eixo.

Agora, pode massagear ...

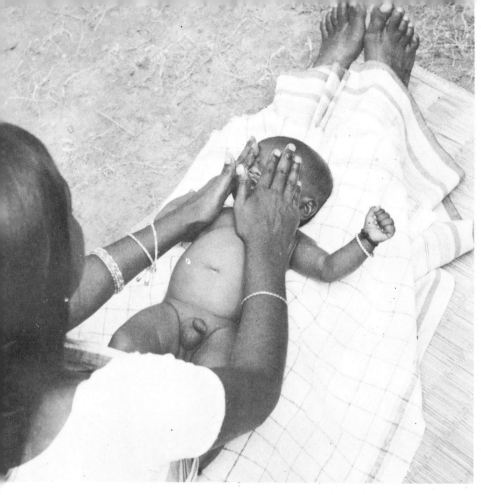

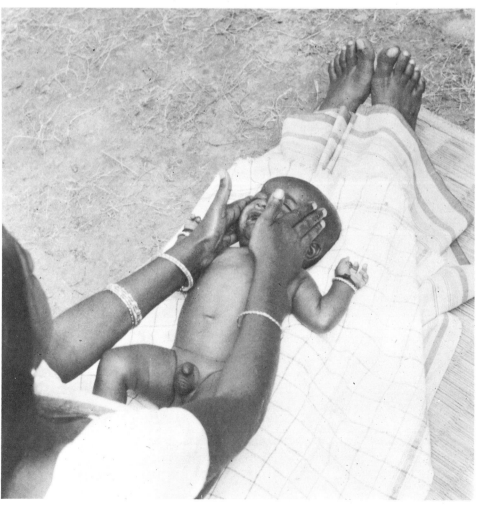

O rosto

Comece por massagear a fronte.

A partir do meio da testa do bebê, a ponta dos seus dedos desloca-se para os lados contornando as sobrancelhas e, a seguir, retorna para o meio para recomeçar de novo.

A cada viagem, seus dedos afastam-se um pouco mais. Quer isto dizer que chegam às têmporas, de onde descem, contornando o olho ao longo das bochechas.

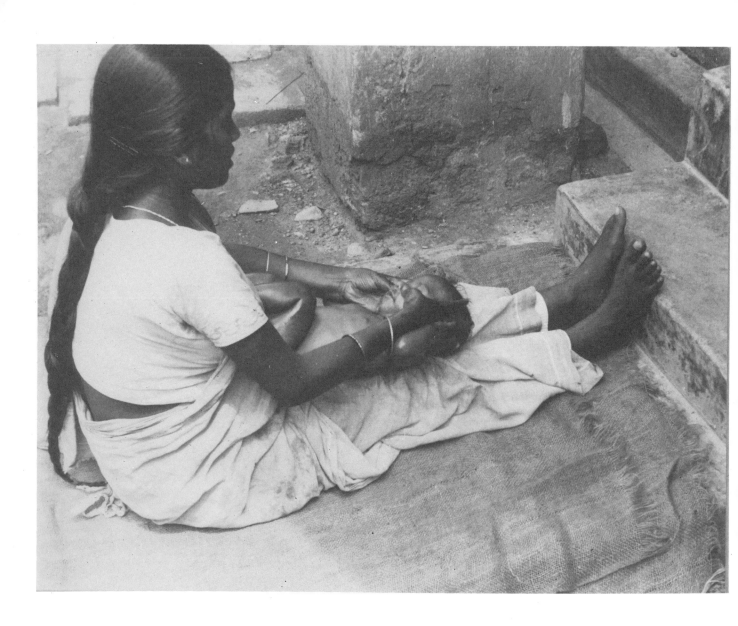

A base do nariz

Agora, os seus polegares, bem de leve, sobem de novo, de um lado e outro,
para a base do nariz da criança.

E tornam a descer.

E sobem mais uma vez ...

É um movimento de vaivém de baixo para cima, depois de cima para
baixo,

pouco extenso,

muito leve,

cujo momento mais íntimo é o de
baixo para cima.

Isto significa que os seus dedos sobem de novo para a testa da criança.

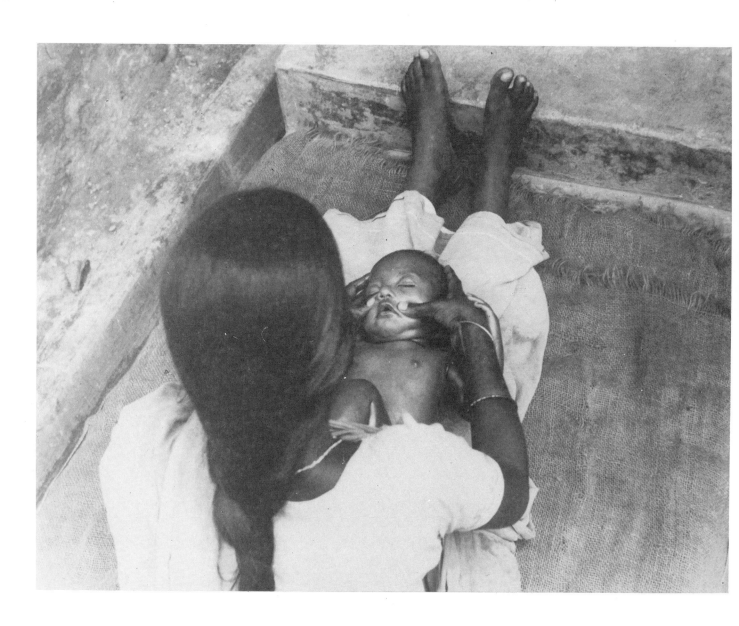

As comissuras
do nariz

Aplique, agora, os polegares nos olhos fechados da criança.

É claro que a pressão deve ser muito leve.

E, se os olhos do bebê estiverem abertos, os seus polegares deverão fechá-los com delicadeza.

Desse ponto, os seus polegares descem.

Seguem as linhas externas do nariz, dirigindo-se para as comissuras da boca.

E se detêm embaixo das bochechas.

A massagem do rosto terminou.

Você vai finalizar com três ''exercícios'' que estão muito próximos do hatha-yoga.

Estamos na fonte, na raiz …

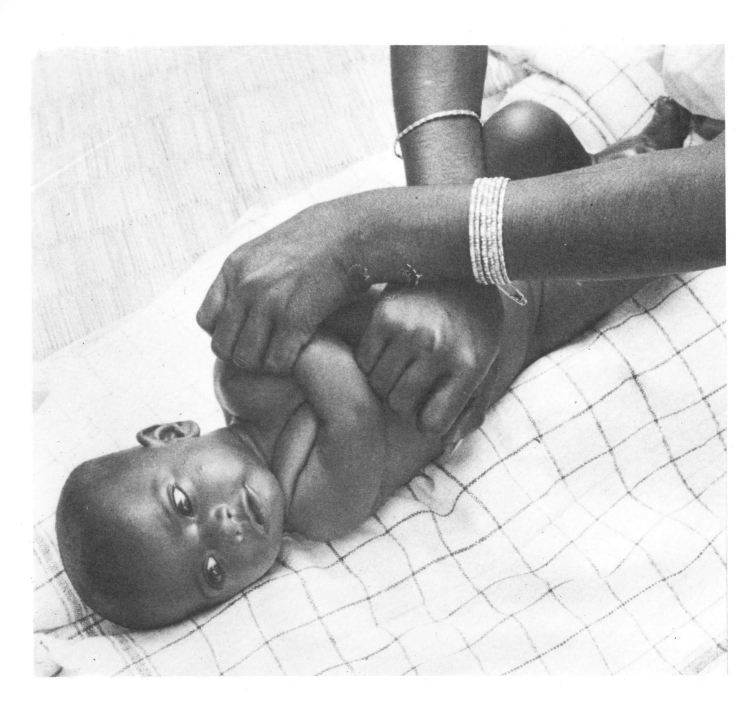

Os dois braços

Segure as mãos da criança e faça com que os dois braços se cruzem sobre o peito.

Depois, torne a abri-los para voltá-los à posição inicial.

Volte a cruzá-los.

Torne a abri-los...

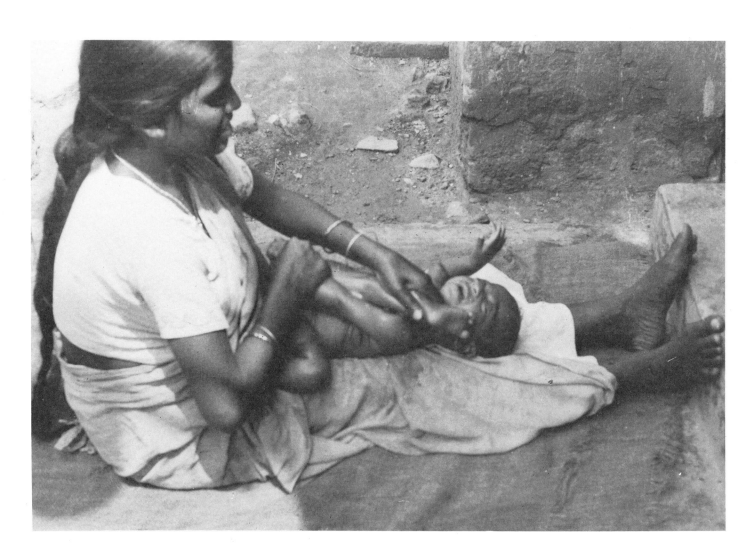

Um braço, uma perna

Segure um dos pés do bebê e a mão do lado oposto, de modo que braço e perna se cruzem.

Isto quer dizer que o pé do bebê tocará o ombro oposto, enquanto a mão irá tocar a nádega do lado oposto.

Em seguida, reconduza as pernas à primeira posição (abrindo).

Depois, recomece (fechando).

Torne a abrir...

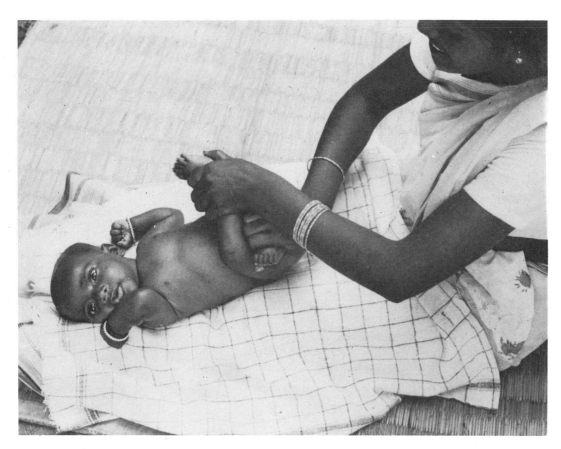

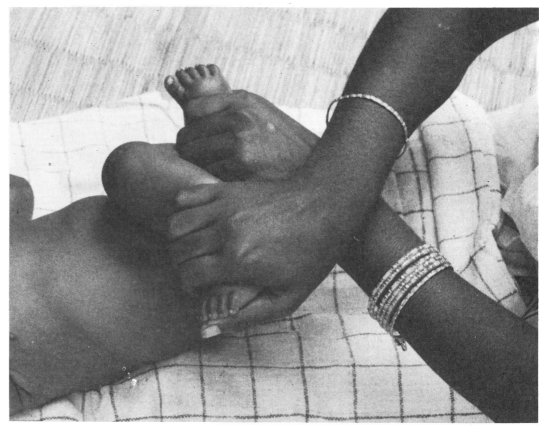

Padmasana

Agora, o lótus.

Segure os dois pés do bebê cruzando as perninhas de modo a trazê-las para a barriga.

Depois, ao contrário, "abra", ao estender e separar as pernas para trazê-las de volta à posição inicial.

Depois, torne a fechar, fazendo, de novo, com que as pernas se cruzem.

Abra mais uma vez...

Os três exercícios encerram a sessão.

É preciso ter muito tato. Sensibilidade. E ciência.

Reunir delicadeza e vigor.

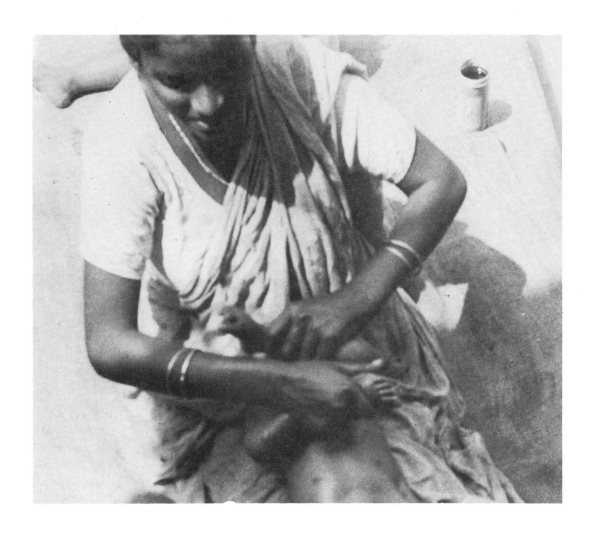

E compreender bem a intenção, o sentido.

Ao cruzar os braços sobre o peito, você libera no bebê toda a tensão que poderia se manter nas costas. E, desse modo, liberar a caixa torácica e a respiração pulmonar.

Ao cruzar um braço com uma perna, opor um ombro e o outro quadril, você faz com que a coluna vertebral se sujeite a uma inclinação e torção sobre o seu eixo, liberando simultaneamente a coluna de qualquer tensão.

Ao cruzar as pernas sobre a barriga, no Padmasana, você provoca a abertura e o relaxamento das articulações da bacia, particularmente de suas junções com o sacro e a base da coluna vertebral.

Aos poucos, a massagem fez com que toda a tensão muscular que poderia se manter no corpo da criança desaparecesse.

Os três exercícios completarão o trabalho.

Eles acentuam as distensões musculares.

De fato, eles vão mais longe. Agem de modo mais profundo.

Significam uma ginástica passiva das articulações. Atuam sobre os ligamentos.

Por isso, estes exercícios confundem-se com as posturas, os *Asana*, pois que, neste ponto, atingimos a natureza última do *Hatha-yoga*.

O BANHO

Terminada a massagem, eis o momento ideal para o banho.

Não que você precise lavar o bebê ou tirar o excesso de gordura: a pele absorveu tudo.

Não. Não se trata de asseio. Mas, uma vez mais, de bem-estar. De completa liberação.

A água vai completar o trabalho. E, acredite, ela é bem mais capaz que você. É só deixá-la trabalhar.

Por mais aplicada que tenha sido a massagem, certas tensões ou hesitações podem ter-se manifestado no corpo da criança. E tais tensões podem ainda estar escondidas ao longo da pequena coluna vertebral, nas costas, ao redor do pescoço, na nuca ou em alguma parte do sacro.

A magia da água fará com que desapareçam num piscar de olhos, com a mesma facilidade com que o sol derrete a neve.

Desde que você a deixe trabalhar.

Isto é, com a condição de saber como dar banho. Como segurar a criança.

Ou melhor, com a condição de não a segurar, mas simplesmente deixá-la flutuar.

De modo que, de si, nada possa interpor-se entre a água e o bebê.

Aceite não ser mais que um observador.

Para fazer a criança entrar na água, segure-a pelas axilas.

E, tendo-a mergulhado, deixe-a flutuar.

A banheirinha, o recipiente, encontra-se diante de você, na transversal. E a cabeça do bebê, na água, à sua esquerda.

Não é necessário segurar o bebê, tão-somente sustentá-lo, pois que o seu corpo flutua de modo espontâneo.

É a água que conduz e faz o trabalho.

Esse modo de sustentar o bebê é fundamental.

O pescoço (não a cabeça) ou, para ser mais exato, a nuca do bebê repousa na concha do seu punho esquerdo.

A mão esquerda deve estar totalmente aberta, completamente distendida.

O dedo médio desliza na axila do bebê. E isto basta para impedir que o corpo da criança escorregue.

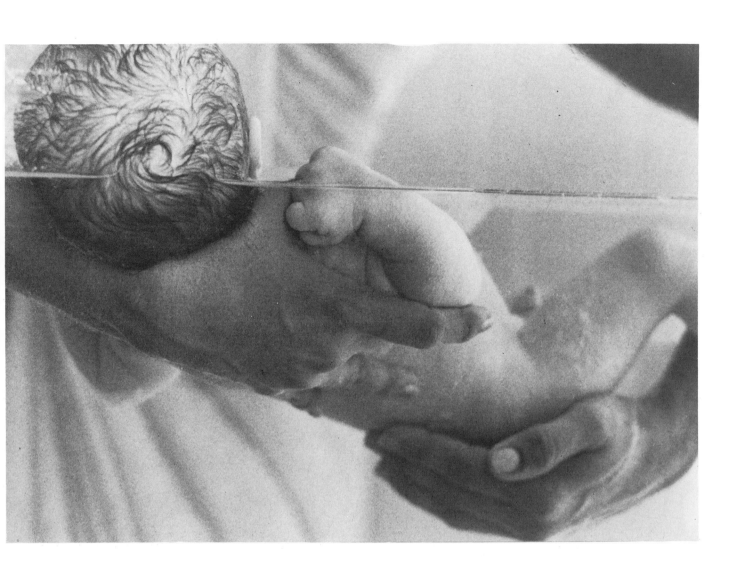

Todavia, para ter mais confiança (enquanto você não se sente suficientemente preparada), sua mão direita virá em seu auxílio.

Ao abraçar o corpo do bebê, ela se coloca sob o osso sacro, isto é, sob a parte que denominamos de região lombar.

Uma última palavra: é essencial que as duas mãos estejam relaxadas. Isto só será possível se os seus ombros estiverem livres de qualquer tensão. Isto só será possível se a sua respiração...

Só assim as suas mãos irão trabalhar em harmonia.

Entre si.

E com a criança.

Não se esqueça: o bebê é um espelho.

Ele devolve a você a sua imagem.

A imagem da sua liberdade.

Ou de suas tensões.

Para libertar o outro é necessário ser livre você mesma.

E, de resto, o outro, você mesma...

Que outro?

Naturalmente a água do banho está quente: na temperatura do corpo ou um pouco mais.

Ao sair do banho, um pouco de água fria: com sua mão, simplesmente, no alto da cabeça, no rosto e, por fim, nas nádegas do bebê.

PARTICULARIDADES

(*) Gostaria que todos aqueles que se interessam por estes problemas — médicos, cirurgiões-parteiros, pediatras, enfermeiras, parteiras ou, simplesmente, mulheres e mães — lessem o livro de Ashley Montagu, *Touching*, da Harper and Row de Nova York. Gostaria de citar todo o livro, tão rico e profundo é ele.

Quando você vai começar?

Nada de massagem propriamente dita antes que o bebê tenha um mês.

É o que se diz no Sul da Índia, em Kerala, onde esta massagem foi primeiro ensinada.

Mas, por outro lado, sabemos hoje da grande importância dos íntimos contatos corporais — prolongados e imediatos — entre a mãe e o seu bebê*.

Do mesmo modo, descobrimos que todos os mamíferos (e os humanos fazem parte dessa grande família) lambem com vigor os filhotes desde o nascimento. Na falta dessa massagem, com freqüência, os filhotes morrem.

De modo que, entre ambos, é preciso, como sempre, encontrar a justa medida.

Digamos que, no começo, devemos tocar o bebê mais do que, propriamente falando, massageá-lo.

Basta que as mãos se movimentem e percorram o seu corpo. Que ele se sinta ''em contato''.

Naturalmente, não irá tocar a barriga enquanto a criança não tiver um mês.

E, do mesmo modo, você esperará passar um mês para tocar o rosto.

Com o decorrer dos dias, pouco a pouco a massagem tomará forma.

Você se aproximará daquilo que o livro lhe mostra, deixando-se guiar pelas reações da criança.

Que suas mãos, no começo, sejam leves. Ainda que não sejam carícias.

E, pouco a pouco, deixe passar a força.

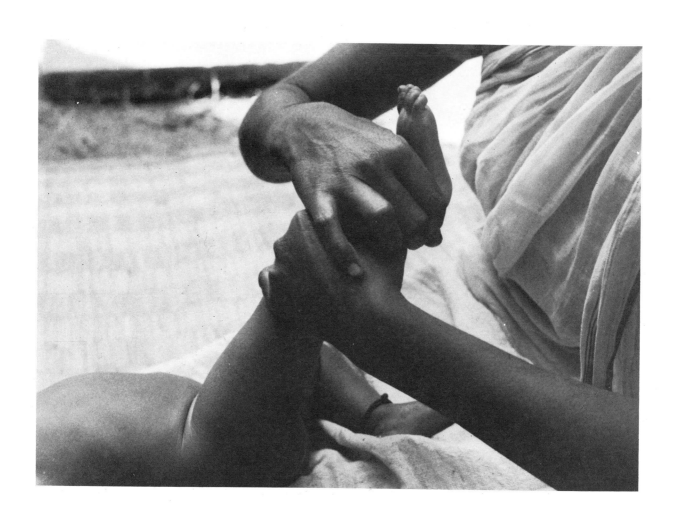

Isto não quer dizer "imprimir força".

A doçura, a calma não significam descuido ou apatia.

E a energia fica mais livre de aspereza, de violência, de agressividade.

Mais uma vez não se trata nem de carícia, nem de surra.

A energia passa por você. E ela não é sua.

É ela que a guia. Com a condição de você estar aberta e ser atenciosa.

De algum modo, você é um instrumento.

E essa força se comunicará melhor quanto mais distensa você estiver.

Observe como as mãos de Shantala são livres ...

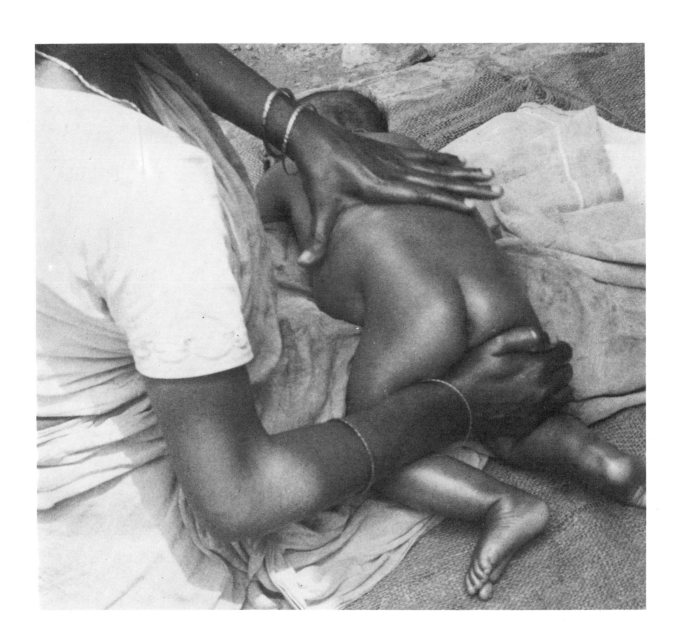

Por conseguinte, veja,
sinta
quanta força,
inteligência
e cuidado
há nestas mãos.

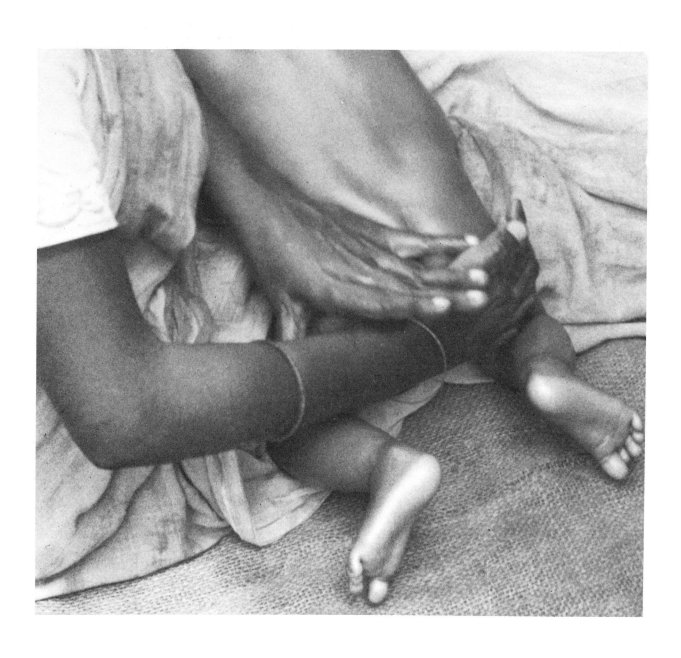

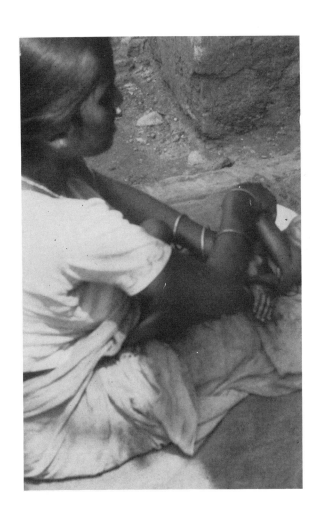

Quem não pensaria tratar-se de uma luta?

Quem não imaginaria que Shantala, num acesso de raiva, de loucura, não esteja para bater ou matar o bebê!

Do amor ao ódio não há senão um passo.

Do mesmo modo que só há um passo desta massagem para ... a velha surra!

É a mesma coisa?

Claro que não!

A surra porporciona grande bem-estar ... em quem a dá.

Enquanto que aqui ...

Aqui o que há é uma luta, uma batalha.

Mas trata-se de uma batalha de amor.

Onde a fúria e a ternura são uma única coisa.

Onde se ganha certa plenitude.

À medida que se dá.

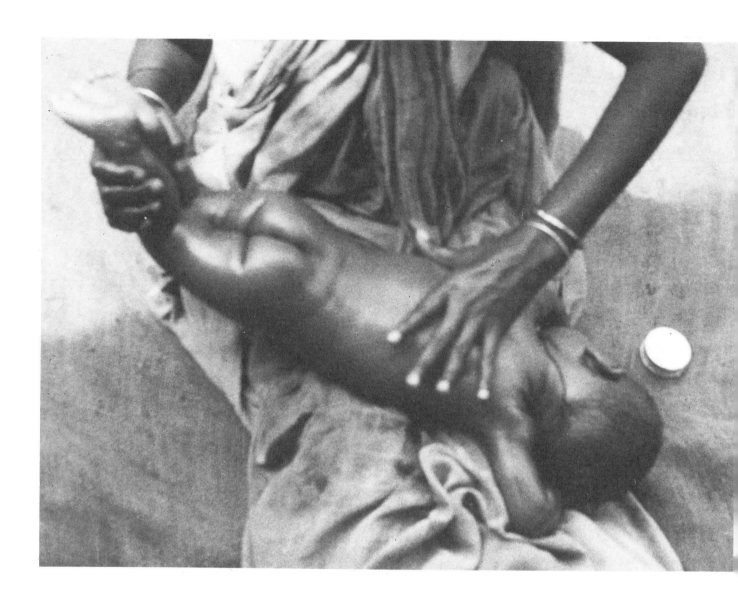

De resto, que contraste
entre o poder do movimento
de Shantala,
o poder de sua mão
e o abandono, a distensão
do corpo da criança!

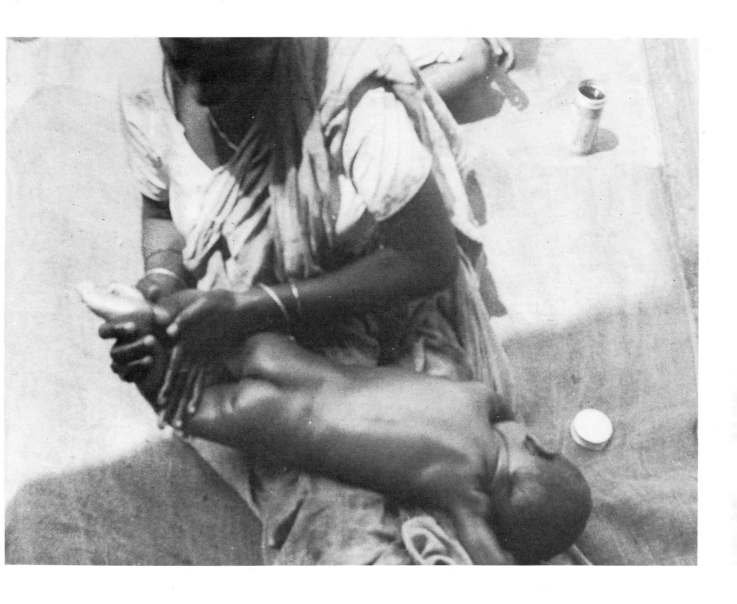

Quanto tempo a massagem deve durar por dia?

Quanto "tempo"? Eis aí nosso velho companheiro.

Quando o bebê só tem alguns dias, não se trata bem de "massagem", mas simplesmente de carícias, de roçar a pele.

E a sessão dura apenas alguns minutos.

Ela vai aumentar à proporção que o bebê... cresça e entre na vida.

Dia a dia, as coisas se definem, ganham maior importância.

E tempo.

Como se você se familiarizasse e fosse ficando mais hábil.

Sem dúvida você gostaria de exatidão.

E que lhe dissessem como se se tratasse de mamadeiras: "Tantos minutos no primeiro dia.

Depois você aumenta tantos minutos por dia.

De sorte que, ao fim de uma semana, tantos minutos..."

Isto seria muito "científico".

Conseqüentemente, estaria perfeitamente bem na moda.

Mas a vida não tem nada a ver com "esse tempo"!

Mesmo que você queira conhecer o "tempo exato", será preciso esquecer por completo o relógio.

Pois, pouco a pouco, o tempo consagrado à massagem vai aumentar e, quando a criança aproximar-se do primeiro mês, a sessão vai durar de 20 a 30 minutos.

Vejo-a sobressaltada:

"Trinta minutos!"

"Mas eu nunca vou ter esse tempo!"

O tempo... mais uma vez, não se preocupe com isso. Ele virá.

Lembre-se, no entanto, de que a massagem deve ser feita com muita lentidão.

É com essa lentidão que se medirão a sua habilidade e a sua compreensão.

E para se chegar a esse ponto, para fazer a sessão durar tanto, você deverá se transformar num entendido.

Até que idade?

Pelo menos nos quatro primeiros meses.

De fato, é preciso massagear a criança enquanto ela não consegue se mudar de lugar.

No dia em que já puder se virar, ficar de costas e, desse modo, distender bastante as costas e a coluna, você poderá parar.

De fato, para a felicidade
tanto de um
quanto do outro,
nada impede de ir
muito mais longe.

COMO SE FOSSE UMA DESPEDIDA

Você dirá: Oh! mas isto toma um tempo!

Sim.

Como sempre esse maldito tempo é o problema.

Ou melhor, o mistério.

Pois, curiosamente, há sempre muito tempo.

O Tempo!

Para penetrar em qualquer arte, é preciso ter tempo.

Pois que em toda arte há uma técnica. Que é preciso aprender e dominar.

Técnica e aprendizagem inscrevem-se no tempo.

Técnica e aprendizagem um dia estarão superadas, esquecidas e a gente desembocará...

em alguma coisa,

que só pertence à arte.

E que estava lá

o tempo todo!

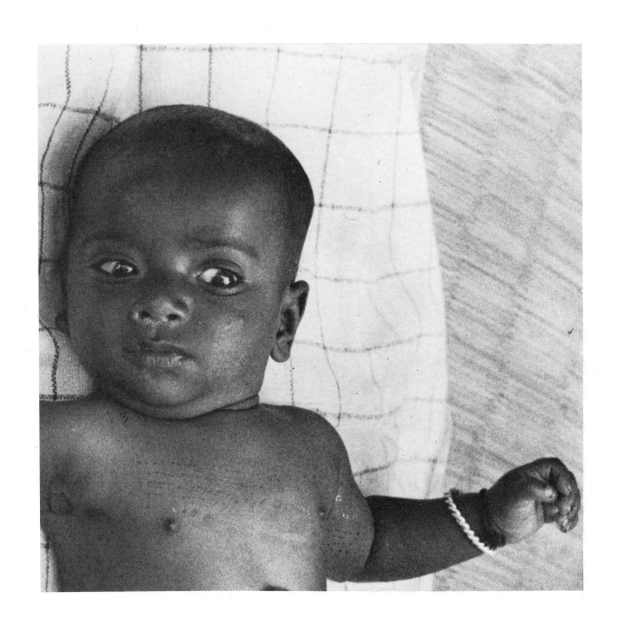

É preciso tempo para criar uma criança.

De resto, como você teria ocupado esse tempo de outro modo?

E, de fato, a quem você o dedicou?

À criança?

Desde o início, não foi a "você" que essa massagem transformou primeiro?

Quem protestou:

"Ai, minhas costas! Ai, meus rins!"

Pois foi preciso ensiná-la de novo a sentar-se no chão.

A ficar aí muito tempo. Conservando as costas retas sem tensão. Com graça. Em equilíbrio.

Manter-se nesta difícil posição para você, os ombros livres, naturalmente livres(!)

E as pernas, do mesmo modo, esticadas.

Sem tensão.

E, no entanto, sem dobrar os joelhos!

Coisas tão simples para a criança de um ano.

Mas que para você...

Veja que, para libertar, é preciso que você mesma esteja livre.

Não podemos dar o que não temos.

Libertar o que?

Essa força que dorme ainda no corpo do bebê.

Essa força pronta a despertar, florescer, fluir.

Que se chama vida.

E que se torna cada vez mais forte, mais rica em você à medida que você a doa.

Não foram somente as suas costas que protestaram.

Não foram apenas elas que tiveram que reaprender.

"Vejamos, primeiro, o peito... Ah, agora o braço.

Primeiro... vejamos o livro... Ah, sim, começando do ombrinho, vamos até o punho..."

Foi assim que, com esforço, você foi do livro à criança, da criança ao livro.

Foi assim que os seus olhos erraram por aí.

E também o seu espírito, da cabeça para as mãos, das mãos para a cabeça!...

Até que, um dia, os momentos, por si mesmos, se ligaram.

Mesmo sem ter notado, as suas mãos, naturalmente, encontraram, reencontraram o caminho.

O peito. O braço. O ventre e também as pernas. E também as costas. E também...

Tudo se pôs a fluir.

Entre os momentos, um elo. Evidente. Necessário.

O livro foi esquecido.

E a sua cabeça também!

Um verdadeiro conhecimento está ali.

Que não é um inútil amontoado de conhecimentos acumulados em seu cérebro.

Mas que está ali. Em tudo. Em suas costas. Em suas mãos.

Estas mãos que, portadoras de uma força estranha, agora seguem o caminho sozinhas, caminho esse que vem de bem mais longe que você.

128

Transformadas estão as mãos,
hábeis, inteligentes.
Delicadas e sensíveis.
Animadas por um ritmo tão prudente quanto inevitável.
A massagem fez-se dança.

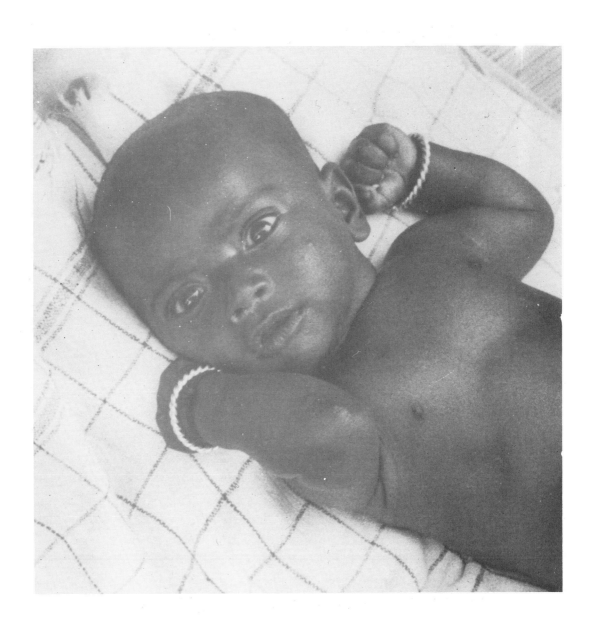

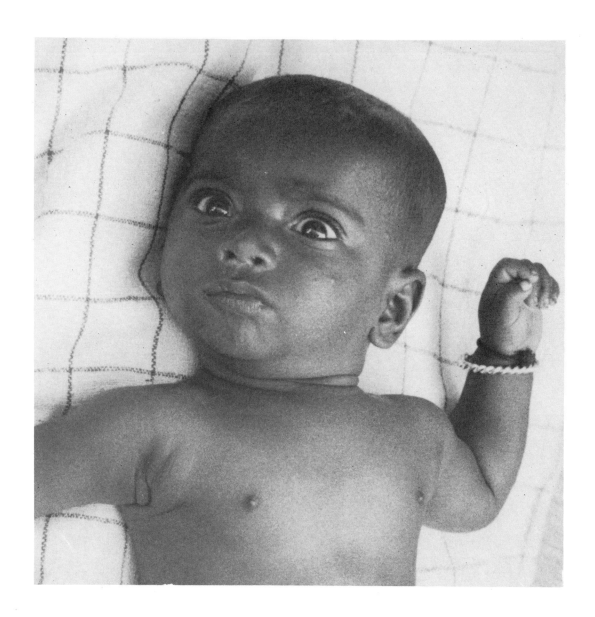

Sim, longe de ser simplesmente um dos cuidados que dedicamos ao bebê, esta massagem é uma arte.

E, portanto, você precisará de um mestre.

E dessas coisas que não se aprendem num livro.

E esta arte é assim.

Em que lugar encontrar um mestre, aqui no Ocidente, onde esta massagem é completamente desconhecida?

Você pode ir a Calcutá, onde o acaso pôs Shantala em meu caminho.

Mas será uma longa viagem.

Talvez você não venha a ter a minha sorte. Talvez você não a encontre.

Além disso, você terá de encarar de frente um clima difícil.

E as epidemias.

E ficar. Pois que são coisas que não se ensinam num dia...

E então?

Felizmente, o mestre está aí.

Como sempre.

Tudo sempre está "aí". Bem à mão. Se soubermos olhar.

Esse mestre, mais uma vez, é o bebê.

É ele quem vai ensiná-la, instruí-la.

Com uma única condição: você ser modesta.

E bastante simples, bastante aberta para segui-lo.

Se você puder duvidar compare apenas a docilidade dele com a sua!

Compare as costas dele com as suas.

Sim, deixe-se guiar por ele!

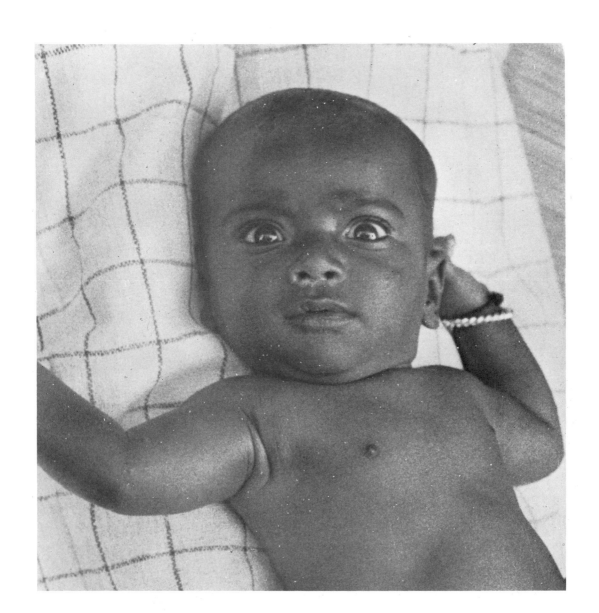

De resto, virá um dia em que a sua massagem, finalmente, emanará da fonte.

Virá um dia em que, cada "tempo", de modo natural, simples e necessário, parecerá nascer do tempo precedente.

Como os passos de uma dança.

Então,
atingida tal perfeição,
onde estará você?

Quem massageará? Quem será massageado?

Quem guiará? Você? O bebê?

Quem conduzirá o balé?

Qualquer coisa... no interior.

Que está ali.

Que sempre esteve ali.

Adormecida, porém.

Qualquer coisa que está ali
e que sabe.

Estamos na Índia.

São as palavras de Chuang-Tsé, no entanto, que retornam ao meu espírito.

Tanto é verdade que a sabedoria não conhece fronteiras.

Ele diz:

"Um dia o duque de Huan estava para começar a ler num dos aposentos superiores do palácio, enquanto que, embaixo, Pien, o carpinteiro que cuidava das charretes, trabalhava numa roda.

Pondo de lado o martelo, o carpinteiro subiu e veio dizer ao duque:

 O que é que o senhor vai ler?

— As palavras dos santos, respondeu o duque.

— Santos... Eles ainda estão vivos?

— Não, respondeu o duque. Eles estão mortos.

— Então, disse o carpinteiro, o senhor perde tempo. Tudo o que o senhor puder encontrar nos livros não passará de lixo dos Anciãos.

— Eu leio, replicou o duque. E não é um carpinteiro que vai me dar conselho! Na minha grande bondade, eu ordeno que te expliques. Senão, serás levado à morte como preço a pagar por tua falta de respeito.

— Veja, disse o carpinteiro, o que o ofício ensinou ao seu servo. Quando eu faao uma roda demoradamente, o trabalho me parece agradável. Mas não é consistente. Se trabalhar rápido, ao contrário, a tarefa será cansativa. E malfeita! Não se deve ir nem rápido, nem devagar! É necessário, de fato, encontrar o ritmo adequado. Que convém à mão. E que corresponde ao coração.

Há nisso qualquer coisa que as palavras não saberiam expressar. Que eu não soube fazer meu filho compreender. E que ele, infelizmente, não conseguiu aprender.

De sorte que, apesar dos setenta anos, continuo ainda fazendo minhas rodas.

O que os Anciãos não puderam transmitir está completamente morto.

E nos livros você só encontrará lixo''.

E QUEM
É SHANTALA?

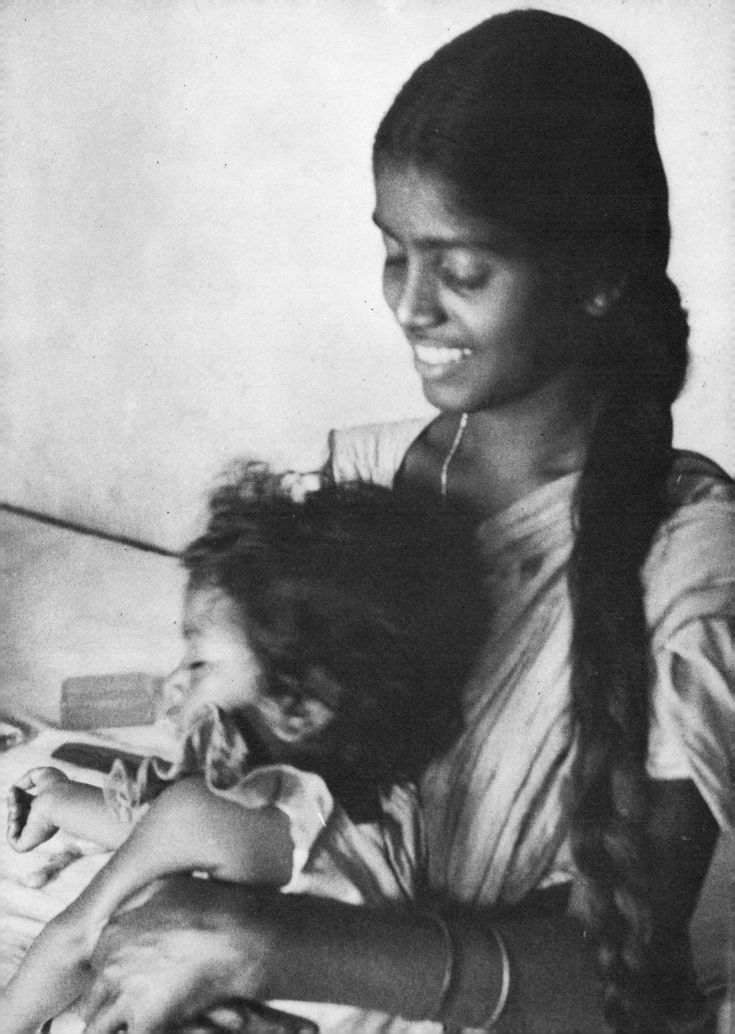

Foi em Calcutá que encontrei Shantala.

Certamente, a boa estrela havia guiado os meus passos.

Calcutá... O nome faz estremecer.

A mais abandonada de todas as cidades desta Índia que é considerada tão miserável.

Calcutá, lugar de miséria, para não dizer de horror, onde se amontoa, sem ordem, desmedida população, perseguida pela guerra, atraída pelo brilho ilusório da "cidade" ou fugida das mil e uma calamidades que, nesse país, mais que em outra parte, faz a árdua trama dos dias.

Calcutá, no passado a gloriosa capital de Bengala, cidade resplandescente e invejada, agora desfigurada, odiosa, arruinada por uma dessas reviravoltas do destino que, com tanta freqüência, vemos nos acontecimentos deste mundo.

Em Calcutá, sim, ou, com mais exatidão, em Pilkhana, uma dessas favelas sórdidas que nos últimos anos se multiplicaram com o afluxo de refugiados.

A *Seva Sangha Samiti,* associação de caridade parecida com a *Frères des Hommes,* abriu nesse lugar um escritório que testemunhava como a paciência e o amor podem triunfar no coração da mais absoluta privação.

Shantala fora recolhida com os dois filhos. E ela ajudava, na medida de suas possibilidades (há alguns anos ficara completamente paralítica).

Foi lá que, numa bela manhã (como era bela!), ensolarada, resplandescente, encontrei Shantala sentada no chão a massagear o bebê.

Glória da luz e milagres do amor, quem diria!

E assim, de repente, em plena sordidez, foi-me dado contemplar um espetáculo da mais pura beleza!

Fiquei mudo.

Sorvia, em silêncio, o que presenciava.

Parecia um ritual, tão grave e investido de extraordinária dignidade era o ato.

Parecia um balé, devido a tanta harmonia e ritmo exato, embora de extrema lentidão.

E, como o amor, possuía seu tanto de abandono e ternura.

Fiquei deslumbrado, confuso.

O horror das ruas sórdidas que percorrera, dos pardieiros avistados, havia sumido por completo

Eu estava cego de tanta beleza e amor.

Na verdade, o sol, numa explosão, fizera voar tudo em esplendor e iluminava a alegria por toda parte.

De repente, compreendi Jó e sua paciência e como ele pudera permanecer silencioso em meio ao estrume.

"E quem é você para pedir-me explicações?"

E as palavras que toda a Índia conhece puseram-se a cantar:

"É no lodo que o lótus finca raízes,
é nas águas turvas, pútridas que ele medra,
irresistivelmente atraído por essa luz
que ele desconhece,
mas que pressente

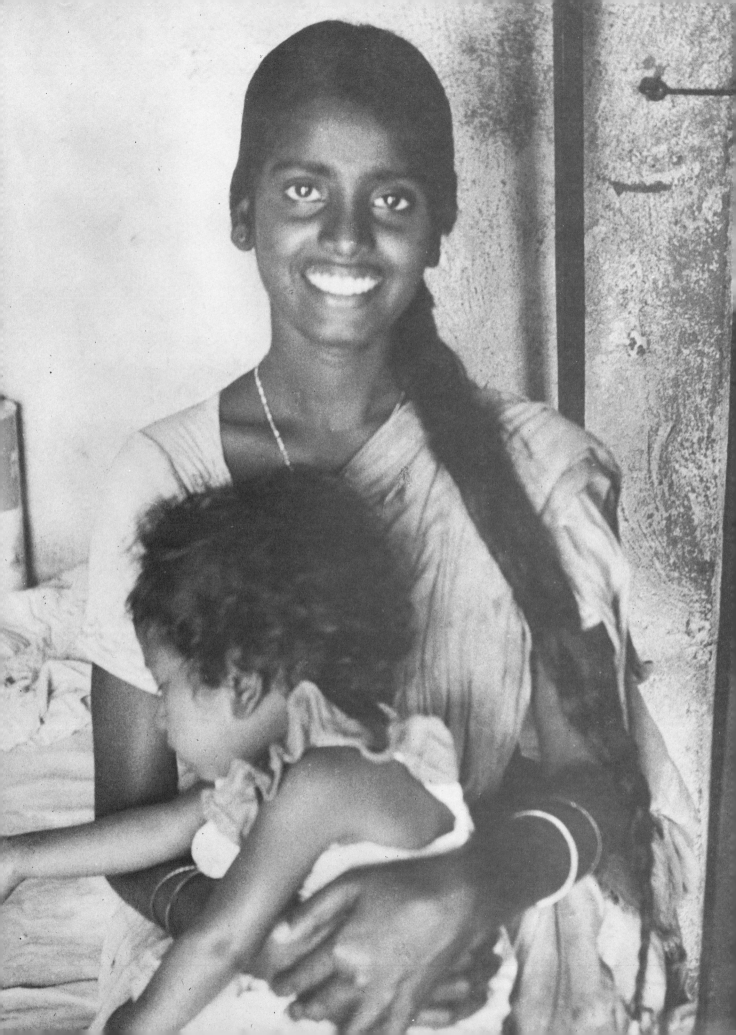

e que o estica
e que o atrai
e que o levanta
e o obriga a elevar-se
e que, de repente, ele encontra
quando, ao chegar à superfície,
supera.
Agora, glorioso, ele se abre
desabrocha-se
e, cego,
ofusca a todos
com seu indizível esplendor''.

Sim, fiquei mudo pela maravilha. E confuso pela profundidade da lição.

E, de certo modo, constrangido por ter surpreendido essa troca.

Quando, depois que terminou e se deu conta de que eu estava ali, Shantala sorriu para mim, pedi-lhe, quase timidamente, permissão para vir fotográ-la.

Ela me agradeceu surpresa.

Assustada de me ver perder tempo com o que, para ela, não passava de simples tarefa diária.

Com simplicidade e amizade (eu tivera a oportunidade de ajudá-la alguns anos antes), ela aceitou.

Voltei, então, no dia seguinte.

E no outro dia.

E em outros dias mais.

De tanto que havia para ver e aprender.

Embora parecesse tão simples. Tão justo. Tão verdadeiro.

Verdadeiro.

Na realidade, a verdade é inesgotável.

Finalmente, certo dia fiz as fotografias.

Como um pintor que tentasse captar no ar, surpreender, deter, capturar o inapreensível, o que se move, o fugidio segredo da beleza.

E este segredo estava bem ali.
Feito, simplesmente, de amor e luz,
de silêncio
e gravidade.

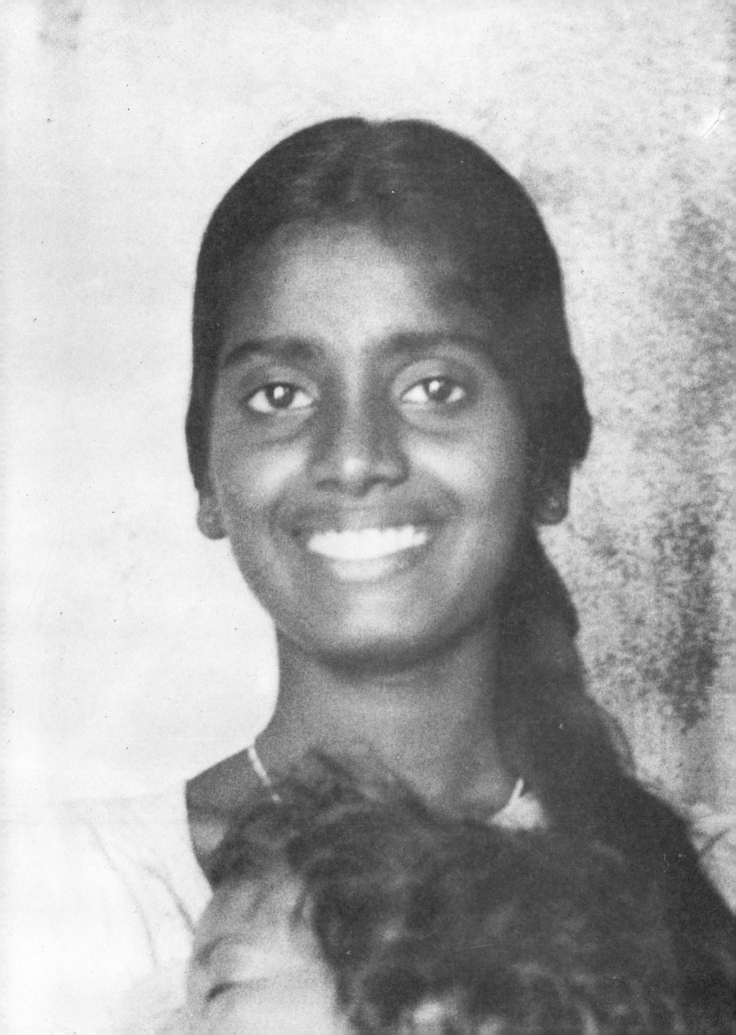

Agradecimentos

Esta história não poderia terminar sem que os nomes de Léo e Françoise Jalais fossem mencionados.

Estes dois seres extraordinários (que a sua modéstia me perdoe), depois de se dedicarem vários anos aos *Frères des Hommes*, animam agora a *Seva Sangha Samiti*, instituição de caridade bastante parecida mas devotada em particular à Índia.

Muito próximos de Madre Teresa, como ela vivendo para os pobres, com os pobres e com eles partilhando a pobreza, Léo e Françoise (acompanhados dos dois filhos) instalam e incentivam lares onde os mais abandonados de Calcutá recebem ajuda sem distinção de classe, casta e religião.

Ajuda e, ainda mais, aquela amizade sem a qual a vida não seria possível.

É a eles que eu devo a ocasião de ter encontrado Shantala, de quem eles continuam a cuidar.

Que eles sejam profundamente recompensados por isso.

É através deles que poderiam entrar em contato com Shantala os que quisessem conhecê-la:

Léo e Françoise Jalais
Seva Sangha Samiti
5 Bl Roy Road
Pilkhana Howrah
West Bengal Índia

EDITORA GROUND

livros para uma nova consciência

- **Alquimia Interior**, Zulma Reyo
- **O Amor do Fogo Sagrado**, Zulma Reyo
- **Os Astros e sua Personalidade**, *Maria Eugênia de Castro*
- **Ayurveda, a Ciência da Auto Cura**, *Vasant Lad*
- **A Busca do Equilíbrio**, *Rita McNamara*
- **A Combinação dos Alimentos**, *Doris Grant e Jean Joyce*
- **Cura Natural para Bebês e Crianças**, *Aviva Jill Romm*
- **Cura Natural para Cães e Gatos**, *Diane Stein*
- **Cura Prânica Avançada**, *Choa Kok Sui*
- **Cura Prânica com Cristais**, *Choa Kok Sui*
- **Os Dez Mandamentos do Sistema Imunológico**, *Elinor Levy e Tom Monte*
- **Dicionário de Vitaminas**, *L. Mervyn*
- **Do-In – Livro dos Primeiros Socorros (Vols. I e II)**, *Juracy Cançado*
- **Essências Florais Brasileiras**, *Joel Aleixo*
- **A Família, Ame-a e Deixe-a**, *Tony Humphreys*
- **Feng Shui – A Arquitetura Sagrada do Oriente**, *Celso Yamamoto*
- **Feng Shui Básico**, *Victor L. Dy*
- **A Floresta Violeta**, *Foster Perry*
- **Glossário Teosófico**, *Helena P. Blavatsky*
- **Iridologia e Irisdiagnose, o que os Olhos Podem Revelar**, *Celso Batello*
- **Iridologia e Florais de Bach**, *Aureo Augusto e Regina Valverde*
- **Magia Prática**, *Franz Bardon*
- **Manual de Reiki**, *Walter Lübeck*
- **Mandalas, Desenhos Sagrados**, *Celina Fioravanti*
- **Manual de Astrologia Essencial**, *Valdenir Benedetti*
- **Meditação, o Caminho Interior**, *N. Humphrey*
- **Meditação Para Crianças**, *Deborah Rozman*
- **Mensageiros do Amanhecer**, *Barbara Marciniak*
- **Milagres da Cura Prânica**, *Choa Kok Sui*
- **O Olho Revela**, *Denny Johnson*
- **O Pai-Nosso e os Chakras**, *Celina Fioravanti*
- **O Poder do Sono**, *James B. Maas*
- **O Poder dos Salmos**, *Celina Fioravanti*
- **Paranormalidade, o Elo Perdido**, *Rosa Maria Jaques*
- **Psicoterapia Prânica**, *Choa Kok Sui*
- **Pulsologia**, *Celso Yamamoto*
- **A Sabedoria dos Animais**, *Carminha Levy e Álvaro Machado*
- **Se me Contassem o Parto**, *Frédérick Leboyer*
- **Shantala (Massagem para Bebês)**, *Frédérick Leboyer*
- **Shiatsu dos Pés Descalços**, *Shizuko Yamamoto*
- **Starwalking, Nossa Vida Celestial**, *Ry Reed*
- **A Terapia Floral, (Escritos Selecionados de Edward Bach)**, *org. Dina Venâncio*
- **Terra – Chaves Pleiadianas para a Biblioteca Viva**, *Barbara Marciniak*
- **O Toque da Cura**, *Alice Burmeister e Tom Monte*
- **Tudo Pode Ser Curado**, *Martin Brofman*
- **A Voz do Silêncio, Helena P. Blavatsky** *(Tradução de Fernando Pessoa)*

EDITORA AQUARIANA

- **Afinal, o Que é Feng Shui?** *Maria Forbes Scheepmaker*
- **O Buraco Branco no Tempo,** *Peter Russel*
- **Conversações Esotéricas,** *Vicente B. Anglada*
- **A Dança da Mutação,** *Michael Lindfield*
- **Decida-se,** *Robert Muller*
- **E... O Ancião Falou,** *Antón P. de Léon Paiva*
- **Feng Shui Diário, 2000 o Ano do Dragão,** *Maria Forbes Scheepmaker*
- **Magia Organizada Planetária,** *Vicente B. Anglada*
- **Manual Simplificado de Comércio Eletrônico,** *Alberto B. e Luis C.F. de Freitas*
- **Os Mistérios de Shanballa,** *Vicente B. Anglada*
- **O Nascimento de uma Civilização Global,** *Robert Muller*
- **O Princípio da Totalidade,** *Anna Lemkow*
- **Poesias Ocultistas,** *Fernando Pessoa*
- **Viver de Luz,** *Jasmuheen*

FLORAIS

- **Afirmações para os Florais de Bach,** *Hugh Mac Pherson*
- **O Caminho das Flores (Florais de Minas),** *Olinto J. Neto*
- **Crescendo com os Florais de Bach,** *Judy Howard*
- **Criatividade e Espiritualidade – Seguindo os Passos da Profecia, Celestina (Florais de Minas),** *Breno Marques e Ednamara Marques*
- **Essências Florais de Minas,** *Breno e Ednamara Marques*
- **Essências Florais do Alasca,** *Steve M. Johnson*
- **Essências Florais Francesas,** *Philippe Deroide*
- **Essências Florais e Marinhas do Pacífico,** *Sabina Pettitt*
- **Padrões de Energia Vital (Bach),** *Julian Barnard*
- **As Qualidades Positivas dos Florais de Bach,** *Hugh Mac Pherson*
- **Repertório das Essências Florais de Minas,** *Ednamara e Breno Marques*

TORKOM SARAYDARIAN

- **O Ano 2000 e Depois**
- **Avanço para o Psiquismo Superior**
- **A Carruagem Flamejante e as Drogas**
- **Energia Psíquica**
- **Irritação – O Fogo Destruidor**
- **A Psicologia da Cooperação e da Consciência Grupal**
- **O Senso de Responsabilidade na Sociedade**
- **O Viajante Questionador e o Karma**

Para conhecer nossa linha editorial completa,
peça-nos catálogos diretamente.

EDITORA GROUND / AQUARIANA
Rua Lacedemônia, 68
Tel.: 11-3051-1500 / Fax: 11-5031-3462
E-mail: editora@ground.com.br
Site: http://www.ground.com.br

Impressão e Acabamento

Bartira

G r á f i c a

(011) 4393-2911